Bibliographische Information der Deutschen Bibliothek
Die Deutsche Bibliothek verzeichnet diese Publikation in
der Deutschen Nationalbibliographie; detaillierte bibliographische
Daten sind im Internet über http://dnb.ddb.de abrufbar.

Text: Petra Sander, Sally Schreiber
Redaktionelle Bearbeitung: APE Overath
Satz: Lesezeichen Verlagsdienste, Köln

© 2002 DuMont monte Verlag, Köln

ISBN 3-8320-8798-2
Printed in Slovenia

DUMONTS GROSSES BUCH DER

1000 TIPPS

FÜR HAUS UND GARTEN

HAUSHALT

GARTEN

FENG SHUI

Tipps für den Haushalt

EINFÜHRUNG

Der Wunsch, einen Haushalt perfekt führen zu können, ist keineswegs aus der Mode gekommen. Dabei geht es nicht nicht primär darum, dass alles aufgeräumt ist, wenn Besuch kommt, oder dass der Küchenboden täglich gewischt wird. Haushaltsführung umfasst die Pflege von Wäsche und Kleidung, sowie die Erhaltung der unterschiedlichsten Einrichtungs- und Haushaltsgegenstände wie Polstermöbel, Holz, Armaturen, Schwämme, Vasen, Silberbesteck, Schmuck und vieles mehr. Die sorgfältige Pflege Ihrer persönlichen Dinge verlängert deren Lebensdauer und vermeidet so unnötige teure Neuanschaffungen.

Die Werbung zeigt uns täglich und allgegenwärtig, welche Spezialprodukte wir zur perfekten Pflege kaufen sollen. Dabei sind Sie mit einem kleinen, aber gut sortierten Putzschrank mit wenigen Basismitteln wie Essig, Salz, Petroleum, Glyzerin und einigen wenigen anderen für alle Eventualitäten gerüstet. Und Sie schonen sowohl die Umwelt als auch Ihren Geldbeutel.

Haben Sie sich nicht auch schon einmal darüber geärgert, dass Sie neue Schnürsenkel kaufen mussten, nur weil sich die Kunststoffummantelung am Ende gelöst hat? Oder waren Sie enttäuscht, dass sich die Ränder vom Blumenwasser in der feinen Kristallvase durch Ausspülen nicht entfernen ließen? Hier finden Sie zahlreiche Antworten auf Ihre Fragen und Tipps zum sparsamen Umgang mit wertvollen Ressourcen.

So haben Sie mehr Freude an Ihren schönen Dingen. Gekonnte Haushaltsführung bedeutet nicht etwa mehr Mühe, sondern im Gegenteil weniger Arbeit und Kosten.

Pflege von Materialien
ALLGEMEINES

1

Luftfeuchtigkeit

Zu trockene Raumluft im Winter lässt sich vermeiden, indem Sie ein Schälchen mit Wasser auf den Heizkörper stellen. Ein Zimmerbrunnen erfüllt denselben Zweck.

3

Eselsohren

Eselsohren in Büchern und Heften lassen sich beseitigen, indem Sie die umgeknickten Ecken vorsichtig anfeuchten und dann mit einem Bügeleisen auf niedriger Stufe darüber gehen.

2

Kamingeruch

Beugen Sie dem unangenehmen Geruch eines erkalteten Kamins vor, indem Sie vor dem Ausbrennen getrocknete Blumen oder Beeren ins Feuer werfen.

4
Bettwärmer

Pflaumen- und Kirschkerne in Säckchen sind, vorsichtig im
Backofen oder in der Mikrowelle erwärmt, hervorragende
Bettwärmer, da sie die Wärme lange speichern.

5
Tropfende Kerzen

Um zu verhindern, dass Kerzen tropfen, legen Sie
sie für etwa eine Stunde in Salzwasser.

6
Kerzenreste

Fest sitzende Wachsreste aus Kerzenständern
lassen sich mühelos herauslösen, wenn Sie den
Kerzenständer kurze Zeit in heißes Wasser legen.

7
Kerzen einsetzen

Neue Kerzen lassen sich leicht in Kerzenständer
einpassen, wenn man ihr unteres Ende vorher
kurz in sehr heißes Wasser taucht.

8
Grünspan

Grünspan, der sich an Messing abgesetzt hat, können Sie mit etwas Petroleum entfernen, ohne das Metall zu zerkratzen.

9
Bettfedern

Wenn Ihre Bettfedern zu klumpen beginnen, öffnen Sie das Inlett ein Stück und halten einen Fön auf kleinster Stufe hinein. Die herumwirbelnden Federn lockern auf und das Federbett wird wieder kuschelweich.

10
Eisen

Dieses Metall lässt sich gut mit einer Mischung aus Holzasche und Speiseöl reinigen und pflegen.

11
Glasvasen

Füllen Sie in Glasvasen, in denen sich ein Rand gebildet hat, warmes Wasser mit etwas Waschpulver bis über den Fleckrand und lassen Sie es eine Zeit lang einwirken. Der Rand lässt sich dann einfach mit einer Flaschenbürste entfernen.

12

Undichte Keramikvasen

Reiben Sie Keramikvasen, die nicht ganz wasserdicht sind, von innen mit Bohnerwachs ein. So dringt kein Blumenwasser mehr nach außen.

13

Filz

Im Winter empfiehlt sich etwas Filz unter den Sohlen gegen eine Rutschpartie auf Glatteis.

14

Bindfaden

Beinahe völlig reißfest wird ein Bindfaden, der eine Weile in Alaunlösung eingelegt wird.

15

Schubladen

Klemmende Schubladen lassen sich wieder
leicht bewegen, wenn Sie die Gleitflächen mit
etwas Seife einreiben.

16

Brillengläser

Das lästige Beschlagen der Gläser im Winter, wenn man von
draußen in ein geheiztes Zimmer kommt, können Sie
vermeiden, wenn Sie Ihre Brillengläser mit Glyzerin
einreiben und mit einem Ledertuch nachwischen.

17

Korken

Wenn der Korken so fest in der Flasche sitzt, dass er sich nicht
herausziehen lässt, reiben Sie den Flaschenhals eine Zeit lang mit
einem Tuch, bis er warm wird, oder halten Sie ein Streichholz
daran. Der Korken lässt sich dann leichter entfernen.

18
Milchglas
**Am besten vertragen Milchglasscheiben
eine Reinigung mit heißem Essigwasser.**

19
Körbe reinigen
**Korbgeflecht lässt sich am besten und schonendsten
mit einer Bürste und warmem Salzwasser reinigen.
Mit einem weichen Tuch nachpolieren.**

20

Petroleumlampen

Wenn Sie dem Petroleum etwas Terpentin und Kampfer beimischen, brennt die Lampe heller und sparsamer. Auch mit einer Prise Salz im Petroleum lässt sich eine hellere Flamme erzeugen.

21

Qualmende Petroleumlampen

Damit Ihre Lampe nicht qualmt, legen Sie die Dochte mehrere Stunden in Essig ein und lassen sie vor Gebrauch trocknen.

22

Fettflecken auf Papier

Fettflecken auf Papier verschwinden wieder, wenn Sie das Papier leicht erwärmen und dann etwas Speisestärke auf den Fleck streuen. Das trockene Mehl bürsten Sie mit einer weichen Bürste wieder ab.

23

Kupfervasen

In Kupfervasen halten sich Schnittblumen am längsten, weil das Metall antibakterielle Teilchen ins Blumenwasser abgibt. Diesen Effekt erzielen Sie ebenfalls, wenn auch in kleinerem Umfang, indem Sie Kupfermünzen (z. B. alte Pfennige) in das Blumenwasser legen.

24

Marmor

Marmor können Sie mit einer Paste aus Kreide und Benzin von Weinflecken befreien. Lassen Sie die Paste einige Stunden einwirken und scheuern Sie sie dann mit Bimssteinpulver ab.

25

Geschenkpapier

Die Falten aus schon einmal gebrauchtem Geschenkpapier verschwinden, wenn Sie das Papier auf der Rückseite glatt bügeln. Durch die Wärme lässt sich auch Klebeband meist spurlos wieder abziehen.

26

Messing

Wischen Sie Messing einfach mit einem Brei aus Kochsalz und Essig ab, dann wird es wieder wie neu.

27

Schnürsenkel

Die Bindestreifen an Schnürsenkelenden gehen leicht verloren, die Enden fransen aus und lassen sich nicht mehr durch die Löcher in den Schuhen ziehen. Tauchen Sie die Schnürsenkelenden einfach in etwas farblosen Nagellack, dann werden sie wieder schmal und fest.

28

Kugelschreiber

Auch wenn die Mine noch voll ist, kann es passieren, dass ein Kugelschreiber nicht schreibt. Wenn Sie die Mine herausnehmen und kurz in warmes Wasser legen, ist der Kugelschreiber wieder einsatzfähig.

29

Kristallvasen reinigen

Kristallvasen können Sie leicht mit Apfelsinenschalenstückchen reinigen, die zusammen mit Wasser in die Vase gegeben werden. Nach mehrmaligem kräftigem Schütteln wird die Vase wieder glasklar.

30

Weihnachtsbaum

Ihr Weihnachtsbaum nadelt nicht so schnell, wenn Sie dem Wasser im Weihnachtsbaumständer Glyzerin (zwei Teile Wasser, ein Teil Glyzerin) beifügen. Am besten stellen Sie den Baum schon zwei Tage vor dem Fest in die Flüssigkeit.

31

Schallplatten

Auch das eine oder andere Ihrer Lieblingsstücke wird im Laufe der Zeit einige Kratzer abbekommen haben. Wenn Sie die verkratzten Platten mit einem in Maschinenöl getränkten fusselfreien Tuch abreiben, können Sie sie wieder störungsfrei abspielen.

32

Bürsten

Um Bürsten haltbarer zu machen, lösen Sie reichlich Kochsalz in Wasser auf und legen Ihre neuen Bürsten hinein.

33

Schwämme

Schwämme werden wieder sauber, wenn sie 24 Stunden in eine Lösung aus 125 g Kochsalz und 1 l Wasser eingelegt werden.

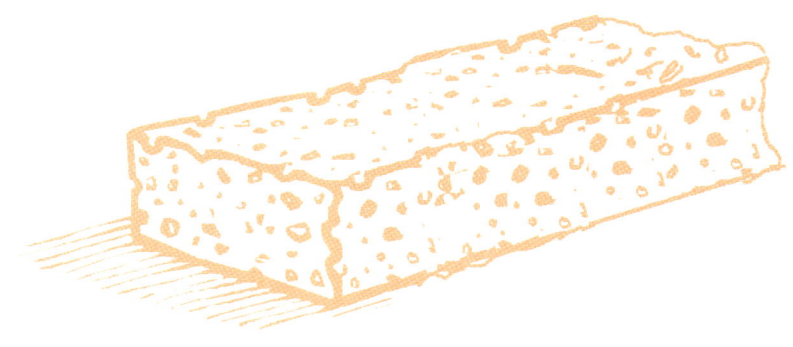

34

Schleiflack

Mit Schleiflack beschichtete Türen, Türrahmen und Möbel reinigen Sie besonders schonend mit dem ungesalzenen Kochwasser von Kartoffeln.

35

Vasen

Lange Zweige und Blumen haben besseren Halt, wenn Sie den Innenrand der Vase mit einem Schaumstoffstreifen bekleben.

36

Kleine Vasen reinigen

Kleinere Vasen, in die man nicht mit einem Lappen hineinkommt, lassen sich mit etwas Seifenwasser und rohem Reis gefüllt durch kräftiges Schütteln reinigen.

37
Sandalen
Im Sommer verhindern kleine Streifen aus Schaumgummi auf der Innenseite von Sandalenriemchen, dass sie über die Ferse rutschen.

38
Umzug
Schwere Möbelstücke lassen sich auf glatten Böden leicht verrücken, indem Sie unter die Ecken der Stellflächen oder unter die Füße ein Stück Speckschwarte mit der fettigen Seite nach unten legen.

39
Schulterriemen
Wenn Sie die Schulterriemen Ihrer Taschen an den Innenseiten mit Schaumgummistreifen bekleben, rutschen sie nicht mehr von der Schulter.

Pflege von Materialien
SCHMUCK & EDELSTEINE

40

Gold

Am schonendsten reinigen Sie Gold mit warmem Wasser, dem ein Schuss Salmiakgeist zugesetzt wurde.

41

Elfenbein

Reiben Sie Elfenbein mit lauwarmem Seifenwasser oder lauwarmer Milch ab und polieren Sie es mit einem weichen Tuch nach.

42

Bernstein

Legen Sie Bernstein kurz in reinen Spiritus, wischen ihn mit einem weichen Tuch ab und polieren ihn anschließend mit einem in Kölnisch Wasser getränkten Tuch nach. So erstrahlt er in neuem Glanz.

43

Perlmutt

Wenn Sie Perlmutt mit einem Brei aus Wasser und Schlämmkreide bestreichen, den Brei einige Zeit einwirken lassen und dann mit einem weichen Tuch nachpolieren, wird es wieder wie neu.

Pflege von Materialien
Tipps für Heimwerker & Bastler

44

Holzschrauben

Leicht und mühelos lassen sich Schrauben ins Holz drehen, wenn sie zuvor mit dem Gewinde auf einem trockenen Stück Seife gedreht wurden.

45

Schrauben ausdrehen

Fest sitzende Schrauben lassen sich leicht wieder herausdrehen, wenn sie zuvor mit einem Lötkolben erhitzt wurden. Das heiße Metall der Schraube dehnt sich aus und vergrößert so das Loch, in dem die Schraube sitzt. Beim Erkalten zieht sich das Metall wieder zusammen und die Schraube kann ganz einfach aus dem Loch entfernt werden.

46

Heizen

Wärme, die normalerweise von der dahinter liegenden Wand aufgenommen wird, geht nicht mehr verloren, wenn Sie hinter den Heizkörpern wärmereflektierende Alufolie auf die Wand kleben.

47

Stecknadeln

Heruntergefallene Stecknadeln können Sie leicht mit einem kleinen Magneten aufheben. So bleiben keine Nadeln liegen, und Sie laufen nicht Gefahr, sich zu stechen.

48

Rostschutz

Statt mit chemischen Rostschutzmitteln können Sie Metall auch mit einer Mischung aus drei Teilen ausgelassenem Speck und einem Teil Harz bestreichen.

49

Fahrradspeichen

Reiben Sie Ihre Fahrradspeichen mit Vaseline ein, dann rosten sie nicht so leicht.

50

Hammer

Damit der Kopf nicht vom Stiel abfallen kann, schlagen Sie einen kleinen

Eisenkeil oben in den Holzstiel – so sitzt der Hammerkopf ganz fest.

51

Feuerfestes Papier

Wenn Sie Papier in eine gut mit Alaun gesättigte

Lösung einlegen und trocknen lassen, wird es

relativ feuerfest.

52

Pauspapier

Normales weißes Papier wird durchsichtig, wenn Sie es dünn mit

Speiseöl bestreichen und trocknen lassen.

53

Nägel herausziehen

Um die Wand beim Herausziehen von Nägeln zu schützen, legen Sie ein kleines Stückchen Holz unter die Kneifzange. So wird außerdem die Hebelwirkung verstärkt, und der Nagel lässt sich leichter herausziehen.

54

Große Nägel

Große Nägel lassen sich in die Wand schlagen, ohne dass der Putz dabei bröckelt, wenn sie vorher in heißes Wasser und anschließend mit der Spitze in etwas Speiseöl getaucht wurden.

55

Lockere Nägel

Locker sitzende Nägel bekommen wieder Halt, wenn Sie sie mit etwas Watte umwickeln, in Leim tauchen und dann wieder in das Loch in der Wand einsetzen.

56

Nägel in Holz schlagen

Holz spaltet sich beim Einschlagen von Nägeln nicht, wenn Sie vorher mit dem Hammer auf die Nagelspitze klopfen, damit sie stumpf wird.

57

Glasschneider

Ein Glasschneider lässt sich leichter bedienen, wenn Sie die Trennlinien vorher mit etwas Terpentin bestreichen.

58

Glasscheiben

Sie können Glasscheiben, zum Beispiel in Türen, undurchsichtig machen, wenn Sie sie mit einer Mischung aus 250 g Kochsalz und 250 ml Weißbier bestreichen. Die milchige Schicht lässt sich später einfach wieder abwaschen.

59

Türangeln

Quietschenden Türen rücken Sie am wirksamsten mit etwas Graphitpulver zu Leibe, das auf die Türangeln im Gelenkbereich gestreut wird. Sie können die Türangeln auch mit einer Bleistiftspitze einreiben.

60

Kleister

Ein ganz ökologischer Kleister besteht aus einem Teil Roggen- oder Weizenmehl, der mit 15 Teilen kochendem Wasser angerührt wird.

61

Ölfarbe und Pinsel

Pinsel, die für Ölfarbe verwendet werden, sollten nach dem Gebrauch gründlich in Terpentin ausgewaschen werden. Sollten sie doch einmal eingetrocknet sein, lassen Sie die Pinsel in heißem Seifenwasser einweichen und spülen mit Terpentin gut nach.

62

Ölfarbe

Ölfarbreste bleiben länger frisch, wenn Sie etwas Wasser darauf träufeln, so dass sich keine Haut bilden kann.

63

Sägen

Wenn Sie beim Sägen einen Streifen Klebeband auf die Trennlinie kleben und durch diesen hindurchsägen, splittert das Holz nicht. Sägeblätter gleiten leichter durch das Holz, wenn sie vorher mit der Zahnseite durch ein trockenes Stück Seife gezogen werden.

64

Streichen

Tauchen Sie Pinsel beim Streichen niemals ganz, sondern nur bis maximal etwas über die Hälfte in die Farbe ein, da der Anstrich durch zu viel nachlaufende Farbe sonst unregelmäßig wird. Pinsel lassen sich so auch besser reinigen und bleiben länger brauchbar.

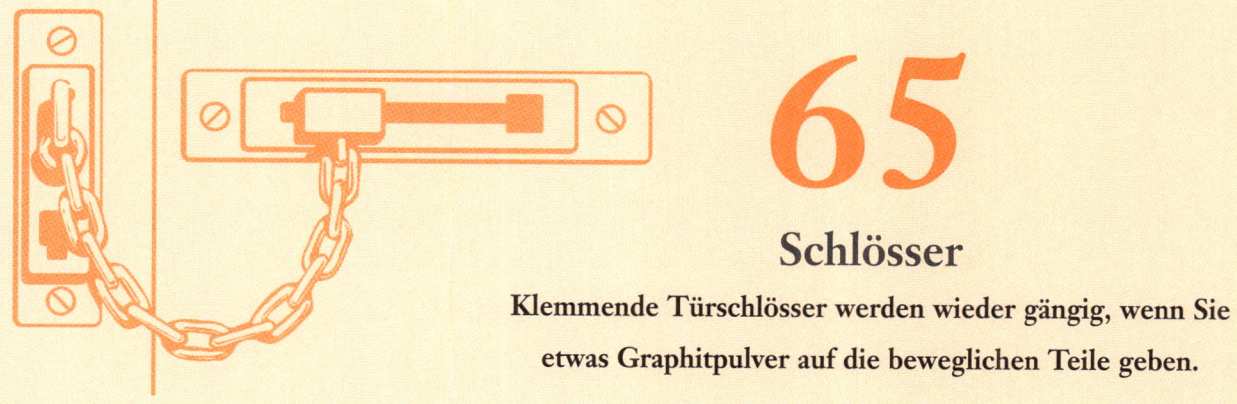

65

Schlösser

Klemmende Türschlösser werden wieder gängig, wenn Sie etwas Graphitpulver auf die beweglichen Teile geben.

66 Tapeten ankleben

Insbesondere bei schweren Tapeten empfiehlt es sich, auch die Wand einzukleistern: Solange der Kleister noch feucht ist, lassen sich Falten und Blasen so leichter ausbürsten, und wenn der Kleister getrocknet ist, halten die Tapeten besser. Wenn Sie über feuchte Stellen an den Wänden vor dem Tapezieren ein Stück Alufolie kleben, kommt die Tapete nicht wieder herunter.

67 Flecken auf Tapeten

Fettflecken können Sie mit einem Brei aus Speisestärke und etwas Wasser bestreichen. Lassen Sie den Brei eintrocknen und bürsten Sie ihn dann mit einer weichen Bürste vorsichtig ab. Auch mit einem in Reinigungsbenzin getauchten Wattebausch können Sie Fettflecken abtupfen. Rußflecken lassen sich mit einem Stück Brotrinde vorsichtig abwischen.

68 Löcher in Tapeten

Wenn Sie vor dem Einschlagen von Nägeln mit einem scharfen Teppichmesser ein kleines Kreuz über der Lochmitte in die Tapete schneiden und die Ecken umlegen, können Sie das Loch mit den Tapetenecken wieder zudecken, falls Sie den Nagel später einmal wieder entfernen möchten.

Küchenpflege

69

Kühlschrankgerüche

Nicht alles, was im Kühlschrank auf seinen genüsslichen Verzehr wartet, verbreitet auch einen angenehmen Geruch. In diesem Fall stellen Sie eine Untertasse mit Natron in den Kühlschrank, das die Gerüche absorbiert.

70

Milchgeschirr

Wenn Ihr Milchgeschirr einen säuerlichen Geruch bekommt, spülen Sie es in heißem Wasser, dem Sie 1 EL Natron zugegeben haben.

71

Kühlschrankgummidichtung

Damit die Dichtung an Ihrer Kühlschranktür nicht spröde und undicht wird, sollten Sie sie ab und zu mit etwas Talkum einreiben.

72

Silber

Silber wird wieder blitzblank, wenn Sie es in eine Salzlösung legen. Geben Sie heißes Wasser in eine Plastikschüssel und legen ein Stück Alufolie hinein. Dann lösen Sie 1 TL Kochsalz und 1 TL Natron im Wasser auf und legen das Silber auf die Alufolie. Wenn es blank geworden ist, können Sie kleine Reste des Belags mit einem weichen Tuch leicht abreiben. Hartnäckige Eierreste können Sie mit etwas Kochsalz auf einem feuchten Tuch oder durch Einweichen in Eierwasser entfernen.

73

Silber

Um das Anlaufen von Silber zu vermeiden, hilft die Aufbewahrung an einem dunklen Ort in Plastiktüten oder das regelmäßige Einreiben mit etwas Olivenöl.

74

Zink

Mit starkem Sodawasser bekommen Sie Ihre Zinkbecher wieder blitzsauber. Kochen Sie die Becher darin kurze Zeit und spülen Sie sie dann mit heißem Wasser ab.

75

Allzweckreiniger

Erwärmen Sie etwa $1/2$ l Essig und geben Sie drei bis vier Tropfen Lavendelöl hinein. Sie erhalten ein vielseitig einsetzbares Reinigungsmittel. Auch Rosmarinöl eignet sich für diesen Zweck.

76

Porzellan

Am besten wird Porzellan mit heißem Wasser und Weizenkleie gereinigt. Spülen Sie das Geschirr mit kaltem Wasser nach und trocknen Sie es anschließend gut ab. Wenn Ihr Porzellan Brandflecken bekommen hat, reiben Sie diese mit einem feuchten, in Kochsalz getunkten Korken vorsichtig ab und spülen dann mit Wasser nach.

78

Aluminium

Angelaufene Aluminiumtöpfe werden wieder strahlend sauber, wenn Sie die Schalen von drei Rhabarberstangen darin kochen.

77

Horn

Horngriffe an Bestecken reinigen Sie zunächst mit einem weichen Tuch unter fließendem Wasser und spülen sie dann mit Salmiakgeistlösung ab. Nach dem Abtrocknen polieren Sie die Griffe mit etwas Speiseöl.

79

Edelstahl

Um Ihrem Spülbecken aus Edelstahl wieder zu strahlendem Glanz zu verhelfen, reiben Sie es mit einem Brei aus Schlämmkreide und Essig ein. Wischen Sie den Brei mit einem feuchten Tuch wieder ab und polieren mit einem weichen Tuch nach. Eventuelle Rostflecken können Sie mit etwas Reinigungsbenzin vorsichtig abreiben.

80

Kupfer

Um Kupfergeschirr zu reinigen, stellen Sie eine Lösung aus einem Teil Essig und einem Teil Kochsalz her. Anschließend sollten Sie das Geschirr gut mit Wasser abspülen und mit einem weichen Tuch polieren. Angelaufenes Kupfer wird wieder blank, wenn Sie es mit der Schnittfläche einer halbierten Zwiebel abreiben.

81

Chrom

Reinigen Sie abgestumpftes Chrom mit Terpentin oder Petroleum und polieren Sie anschließend mit einem weichen Tuch nach. Sie können Chrom auch mit einem Brei aus Schlämmkreide und Essig einreiben, dann gründlich abwaschen und mit einem Küchentuch trockenreiben.

82 Gefrierfach

Wenn Sie die Wände, die Decke und den Boden Ihres Gefrierfachs mit Glyzerin einreiben, wird die Eisbildung verzögert, und das Eis lässt sich beim Abtauen leichter entfernen. Dieser Trick funktioniert natürlich auch bei Gefriertruhen.

83 Abflussgerüche

Wenn Sie etwas Borax in heißes Wasser geben und dieses durch die Abflussrohre laufen lassen, entsteigt dem Abfluss ein angenehmer Geruch, und in den Rohren lagert sich kein Fett mehr ab. Auch etwas Natron kann hier hilfreich sein.

84 Herdplatten

Zur Pflege der Herdplatten reiben Sie sie ab und zu mit einigen Tropfen Maschinenöl ein. Schmutzreste lassen sich mit etwas Backpulver auf der leicht erwärmten Platte mit einem Schwamm entfernen. Spülen Sie anschließend gründlich mit Wasser nach.

85 Spülmittel

Fettiges Geschirr wird mit einem Schuss Kräuteressig im Spülwasser wieder strahlend sauber, allerdings sollten Sie das Geschirr nach dieser Behandlung unbedingt noch einmal gründlich mit klarem Wasser nachspülen. Auch in heißem Wasser aufgelöste Seifenreste mit einem Schuss Borax eignen sich ausgezeichnet zum Geschirrspülen.

86

Wasserkessel

Kalkablagerungen in Wasserkesseln lösen sich ab, wenn diese je zur Hälfte mit Wasser und Essig gefüllt zum Kochen gebracht werden. Lassen Sie die Flüssigkeit anschließend noch ein paar Stunden einwirken und spülen Sie den Kessel dann gründlich mit Wasser aus.

87

Teekannen

Für einen aromatischen Tee sollten Sie Ihre Teekannen nur mit klarem Wasser reinigen. Der Belag aus den Gerbstoffen des Tees, der sich in den Kannen absetzt, wirkt nämlich geschmacksverstärkend. Sollten Sie ihn dennoch entfernen wollen, lassen Sie den Belag in Essig oder Zitronensaft einweichen und spülen die Kanne dann mehrmals gründlich mit Wasser aus.

88

Backbleche

Entfernen Sie hartnäckige Verkrustungen auf Ihren Backbleche einfach mit Kochsalz und zerknülltem Zeitungspapier. Gegen Rostflecken hilft einfaches Kochsalz, das Sie mit einer Speckschwarte auf die Flecken reiben. Wischen Sie anschließend mit etwas Küchenpapier nach.

89

Desinfektion

Mit reinem Lavendelöl können Sie auf natürliche Weise alle Arbeitsflächen und -geräte hervorragend desinfizieren.

90

Gläser

Sie bringen Ihre Gläser auf Hochglanz, indem Sie sie in heißem Seifenwasser spülen, in kaltem Salzwasser nachspülen und nach dem Trocknen mit einem weichen Baumwolltuch polieren.

91

Pfannen

Angebranntes löst sich leicht, wenn Sie 1 EL Natron in 1 l Wasser in der verschmutzten Pfanne aufkochen.

92

Kochgeschirr

Um hartnäckigen Geruch von Fisch, Zwiebeln oder Kohl aus Ihrem Kochgeschirr zu vertreiben, können Sie es mit heißem Wasser und etwas Weißweinessig übergießen.

93

Römertöpfe

Römertöpfe dürfen nur mit heißem Wasser gereinigt werden, da alle Reinigungsmittel in die Poren des Tons eindringen, beim späteren Kochen wieder austreten und in die Speisen gelangen können.

Küchengeheimnisse

94
Überkochen verhindern

Das Überkochen von Milch lässt sich verhindern, indem Sie den Topfrand innen mit etwas Butter einfetten.

95
Versalzenes

Versalzene Speisen lassen sich mit einem sauberen Schwämmchen retten. Legen Sie das Schwämmchen einige Minuten hinein und waschen Sie es, wenn nötig, aus, um den Vorgang zu wiederholen. Auch eine über den Topf gespannte Stoffserviette, auf die eine Hand voll Mehl gestreut wird, entzieht der Speise das überflüssige Salz.

96

Kartoffeln garen

Wenn Sie es einmal etwas eilig mit Ihren Kartoffeln haben, können Sie den Kochvorgang beschleunigen: Geben Sie einfach ein kleines Stückchen Margarineins Kochwasser, und die Kartoffeln werden schneller gar.

97

Sauerkraut und Kartoffeln

Schneiden Sie nie Kartoffeln in Sauerkraut, sondern kochen Sie beides in getrennten Töpfen, da das Kraut die Kartoffeln nicht gar werden lässt.

98

Kartoffeln schälen

Ältere Kartoffeln, die bereits schrumpeln, sollten eine Zeit lang im kalten Wasser liegen – sie lassen sich dann leichter schälen. Geschälte Kartoffeln halten sich mehrere Tage im Kühlschrank, ohne braun zu werden, wenn sie in eine Schüssel mit Wasser und ein paar Tropfen Essig gelegt werden.

99

Anbrennen verhindern

Geben Sie beim Aufkochen von Milch 1 EL Zucker hinzu, dann kann die Milch nicht anbrennen. Sie können die Milch ebenso gut in einem Topf aufsetzen, der innen mit Wasser benetzt ist.

100

Tomaten schälen

Wenn Sie Tomaten schälen möchten, kochen Sie sie kurz in Wasser auf. Die Haut lässt sich dann ganz leicht abziehen.

101

Küchenreibe

Mit der Zeit werden Küchenreiben durch den Gebrauch stumpf. Wenn Sie mehrfach mit einem Stück Sandpapier darüber gehen, wird Ihre Reibe wieder scharf.

102

Tuben

Fest sitzende Tubenverschlüsse lassen sich leicht abschrauben, wenn die Tube kurz in heißes Wasser gehalten wird.

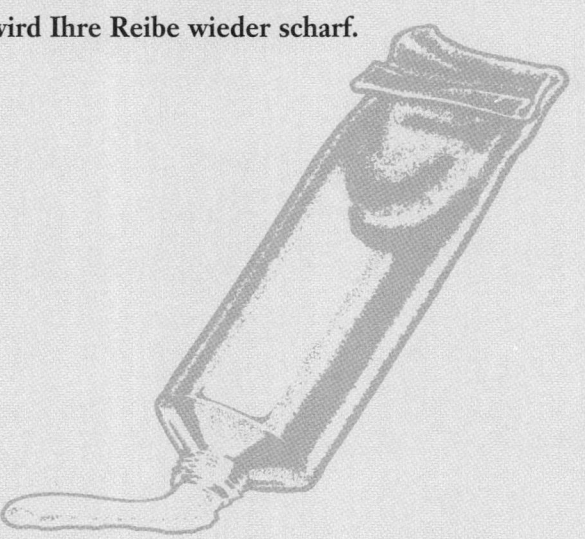

103

Brot

Ganz frisches Brot ist noch sehr weich und klebt beim Schneiden häufig am Brotmesser. Mit einem erwärmten Messer ist dies jedoch kein Problem. Frisches Brot lässt sich vor Schimmel schützen, indem Sie es in einen nicht ganz ausgeschüttelten Mehlsack stecken, diesen zubinden und frei schwebend im trockenen Keller aufhängen.

104

Torten schneiden

Ganz sauber und problemlos schneiden Sie Sahnetorten mit einem Messer, das in heißem Wasser erwärmt wurde.

105

Naturschwämme

Naturschwämme, die mit dem Gemüse im Gemüsefach des Kühlschranks aufbewahrt werden, nehmen die Feuchtigkeit auf, so dass das Gemüse schön frisch bleibt.

106

Klöße

Klöße vom Vortag werden in kaltes Wasser gelegt und aufgekocht wieder frisch. Wenn die Klöße im Topf nach oben steigen, sind sie fertig.

107

Tortenböden

Tortenböden von Obstkuchen werden nicht matschig, wenn sie vor dem Belegen mit Eiweiß bestrichen werden. Das Eiweiß verhindert, dass der Obstsaft den Tortenboden durchtränkt.

108

Brot

Altes Brot wird wieder wie frisch, wenn Sie es in ein verschlossenes irdenes Gefäß legen und dieses in ein heißes Wasserbad stellen.

109

Kohlrabi

Das Tückische an diesem Gemüse sind seine holzigen Stellen, die sich oft erst auf dem Teller zu erkennen geben, wenn es zu spät ist. Wenn Sie die ganzen Kohlrabi kochen und sie erst nach dem Garen in Stifte schneiden, merken Sie schnell, wo holzige Stellen sind, und können sie entfernen.

110

Blumenkohl

Mit einem kleinen Schuss Essig im Kochwasser bleibt das natürliche, frische Weiß des Blumenkohls erhalten. Den manchmal sehr milden Geschmack des Blumenkohls können Sie intensivieren, indem Sie ein paar grüne Blätter mitkochen.

111

Kohl

Wenn es Kohl zu Mittag gab, erkennt man dies zumeist an dem strengen Geruch, der sich in der Küche hält. Geben Sie dem Kochwasser pro Liter 1 TL Natron bei, dies mildert den Geruch, und der Kohl wird schneller weich. Bei Rotkohl allerdings sollten Sie einen Schuss Essig zum Kochwasser geben, der dann den gleichen Effekt hat wie Natron bei den übrigen Kohlsorten.

112

Hülsenfrüchte

Der Verzehr von Hülsenfrüchten hat häufig recht unangenehme Folgen. Wenn Sie dem Kochwasser je Liter 1 TL Natron beigeben, erhöhen Sie die Bekömmlichkeit und damit auch den unbeschwerten Genuss von Hülsenfrüchten erheblich.

113

Blanchieren

Gemüse behält beim Blanchieren seine frische, leuchtende Farbe, wenn Sie dem Wasser 1 TL Natron beigeben.

114

Möhren

Möhren lassen sich am besten schneiden, wenn sie Zimmertemperatur haben. Sie sollten also mindestens eine Stunde vorher aus dem Kühlschrank genommen werden.

115

Zwiebeln schälen

Zwiebeln, die kurze Zeit in lauwarmes Wasser getaucht wurden, verursachen nicht so viele Tränen, und die Schale lässt sich leicht abziehen. Wenn Sie die Zwiebel in einer Wasserschüssel klein schneiden, vermeiden Sie die Tränen ganz.

116

Erbsen

Sie können ihre natürliche frische Farbe beim Kochen erhalten, indem Sie eine Prise Zucker in das kochende Wasser geben.

117

Gemüse

Gemüse, das unter der Erde wächst, sollte nur zugedeckt gekocht werden; Gemüse, das über der Erde wächst, können Sie auch ohne Deckel garen.

118

Gemüse salzen

Die Nährstoffe von Gemüse bleiben besser erhalten, wenn Sie das Salz beim Kochen erst kurz vor dem Garwerden zugeben.

119

Gemüseflecken

Gemüseflecken lassen sich mit einem Stück roher Kartoffel oder Zitrone von den Fingern entfernen.

120

Zitrusfrüchte

Apfelsinen und Zitronen geben beim Auspressen leichter ihren Saft ab, wenn sie vorher ein paar Mal mit der Hand auf einer festen Unterlage gerollt werden.

121

Obst waschen

Ihr Obst wird erheblich sauberer, wenn Sie im Waschwasser etwas Natron auflösen.

122

Äpfel

Äpfel lassen sich besonders leicht schälen, wenn sie vorher eine Minute in heißes Wasser gelegt wurden.

123

Pudding

Nicht jeder mag die Haut, die sich auf selbst gekochtem Pudding bildet. Wenn es Ihnen auch so geht, streuen Sie einfach etwas Zucker auf den noch warmen Pudding. Er kühlt dann ab, ohne eine Haut zu bilden.

124

Eier

Um das Alter eines Eis zu testen, legen Sie es in eine Kochsalzlösung aus 120 g Salz auf 1 l Wasser – sinkt es unter, ist das Ei ganz frisch, sinkt es nur halb unter, ist es ein bis zwei Tage alt. Nach drei Tagen schwimmt das Ei oben. Eier, die in Leinöl getaucht werden, bleiben lange frisch.

125

Pfeffer

Gemahlener Pfeffer im Streuer bleibt länger frisch und aromatisch, wenn Sie ein paar ganze Pfefferkörner beigeben.

126

Kuchenteig

Wenn Sie verhindern wollen, dass Nüsse und Rosinen in Ihrem Kuchenteig nach unten sinken, bestäuben Sie die Zutaten nach dem Abwaschen mit etwas Mehl. Der Teig wird noch lockerer, wenn Sie ein paar Tropfen Essig unterrühren.

127

Kuchen

Wenn sich der Kuchen nach dem Backen nicht aus der Form lösen will, stellen Sie die Kuchenform einige Minuten auf ein in kaltem Wasser getränktes Küchentuch.

128

Reis

Ihr Reis wird ganz besonders weiß, wenn Sie beim Kochen etwas Zitronensaft zugeben.

129

Essig

Ein guter Essig lässt sich ganz leicht selbst herstellen: Geben Sie 1 l Wein,
1 l destilliertes Wasser und 75 g frische, schwarze, zerkleinerte Brotrinde in eine Flasche.
Anschließend verschließen Sie die Flasche und stellen sie an einen warmen Ort.
Nach einer Woche ist der Essig fertig.

130

Salz

Das Salz im Streuer bleibt stets
trocken und rieselfähig, wenn Sie etwas
ungekochten Reis beigeben.

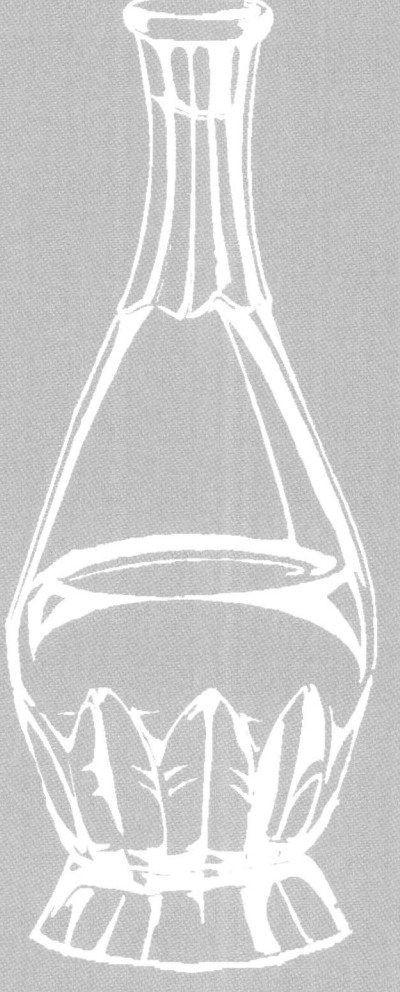

131

Grog

Stellen Sie einen Löffel in ein Glas, bevor Sie Grog oder
andere heiße Flüssigkeiten hineingießen. Wenn Sie nun
den Grog auf den Löffel gießen, zerspringt das Glas nicht.

132

Bratkartoffeln

Für ganz besonders knusprige
Bratkartoffeln bestäuben Sie die
Kartoffelscheiben vor dem Braten
mit etwas Mehl.

133

Käse

Wenn Sie sich über einen ausgetrockneten
Käse ärgern, legen Sie ihn eine Weile in
Milch ein. Er wird dann wieder wie frisch.

134

Mit Käse überbacken

Nehmen Sie zum Überbacken nur
reiferen Hartkäse, da junger Käse sich
sehr schlecht reiben lässt.

135

Schinken

Schinken lässt sich gegen Austrocknen
schützen, indem er außen mit
fettem Speck eingerieben wird.

136

Rindersteaks und Leber salzen

Rindersteaks und Leber sollten erst gesalzen werden,
wenn sie schon auf dem Teller angerichtet sind;
so bleiben sie weich und zart.

137

Dunkle Soßen

Wenn Sie einer dunklen Soße eine Prise Zucker
unterrühren, bekommt sie einen samtigen Glanz.

138

Fleisch

Sie können den vollen Nährstoffgehalt von Fleisch bewahren, indem Sie es in schon kochendes Wasser oder heißes Fett geben. Durch die Hitze schließen sich die durch das Schneiden verletzten Fleischfaserzellen, und die Nährstoffe bleiben erhalten. Außerdem bleibt das Fleisch auf diese Weise beim Garen schön saftig.

139

Bratfett

Um zu verhindern, dass das Bratfett spritzt, genügt es, eine kleine Prise Salz ins Fett zu geben.

140

Soßen binden

Wenn Sie Ihre Soße mit Mehl binden möchten, sollten Sie etwas Salz unter das Mehl rühren. So bildet es im Wasser keine Klümpchen.

141

Bratwurst

Was bei Bratkartoffeln hilft, wirkt auch bei Bratwurst Wunder: Wenn Sie die Wurst vor dem Braten in etwas Mehl wälzen, wird sie wunderbar kross.

142

Röstzwiebeln

Knusprige Röstzwiebeln erhalten Sie, indem Sie die Zwiebeln vor dem Braten mit etwas Mehl bestäuben.

143

Butter

Butter wird beim Braten nicht dunkel, sondern bleibt golden, wenn Sie ihr einen Schuss Speiseöl beigeben. Ranzige Butter wird wieder brauchbar, wenn sie zerlassen und abgeschäumt wird. Anschließend geben Sie ein Stück geröstete schwarze Brotrinde in die heiße Butter. Nach einer Viertelstunde ist die Butter wieder einwandfrei.

144

Erbsensuppe

Wenn Sie in die Erbsensuppe ein Stück Brot geben, setzen sich die Erbsen nicht am Topfboden ab und können nicht anbrennen.

145
Flaschen

Schraubverschlüsse von Flaschen mit nicht kohlensäurehaltigen Getränken lassen sich mühelos öffnen, wenn Sie die Flasche umdrehen und mit der flachen Hand kurz auf den Flaschenboden schlagen.

146
Schlagsahne

Mit einigen Tropfen Zitronensaft wird Sahne schnell und zuverlässig steif. Ganz besonders lockere Schlagsahne erhalten Sie, wenn Sie ein Eiweiß unterrühren.

147
Sekt

Sekt in einer geöffneten Flasche hält sich mehrere Stunden, wenn Sie einen Teelöffel mit dem Kopf nach oben hineinstecken. Kohlensäure und Geschmack bleiben erhalten, und der Sekt prickelt wie frisch entkorkt.

148

Eiswürfelschälchen

Um zu verhindern, dass die Eiswürfelschälchen auf dem Boden
des Gefrierfachs festfrieren, reiben Sie den Boden des Schälchens
mit etwas Speiseöl ein.

149

Schimmel

Selbst gebackenes Brot können Sie vor Schimmel schützen,
indem Sie dem Teig etwas Lavendelwasser zugeben.

150

Schraubdeckel

Fest sitzende Schraubdeckel von Würstchen- und
Gemüsegläsern lassen sich leicht öffnen, wenn Sie das
Glas umdrehen und mit der flachen Hand kurz auf den
Glasboden schlagen. Sie können auch mit einem
Dosenmilchöffner kleine Löcher in den Deckel stechen.
Sobald die Luft aus dem Glas entwichen ist, lässt sich
der Deckel mühelos aufschrauben.

151
Fischgeruch
Fischgeruch an Händen und
Besteck verschwindet ganz
einfach durch Abreiben
mit Zitronensaft.

152
Fisch
Manchmal ist es recht schwierig, die harten Schuppen von einem
Fisch zu entfernen, ohne das zarte Fischfleisch dabei zu
verletzen. Um ganze Fische problemlos zu schuppen, legen Sie
sie kurz in heißes Wasser und gleich danach in kaltes.

153
Frischer Fisch
Wenn Sie mit der Fingerspitze auf einen Fisch drücken und ein Eindruck bleibt
gut sichtbar, ist der Fisch schon vor längerer Zeit geschlachtet worden.
Verschwindet der Eindruck wieder, ist der Fisch frisch, und zwar umso frischer,
je schneller der Eindruck wieder verschwindet.

Badgeheimnisse
BADEZIMMER

154
Seifenreste

Seifenreste können gesammelt werden, um sie dann einzuschmelzen und mit etwas Quarzsand zu mischen. Die erstarrte Masse eignet sich hervorragend, um hartnäckige Flecken von den Händen zu entfernen.

155
Toilettenschüssel

Verkalkten Toilettenschüsseln rücken Sie am besten mit einer Paste aus Essig und Mehl zu Leibe. Die Paste in der Schüssel verteilen und über Nacht einwirken lassen, am nächsten Morgen abbürsten und gut nachspülen.

156
Duschköpfe

Verkalkte Duschköpfe reinigt man am besten mit heißem Essig und Salz. Die Lösung einwirken lassen, bis der Kalk sich löst, dann schnell nachspülen.

157
Armaturen
Mit etwas Essig auf einem feuchten Tuch verschwinden Kalkflecken auf Ihren Armaturen an Waschbecken und Badewanne, und sie werden wieder blitzblank.

158
Spiegel
Wenn Ihre Spiegel angelaufen sind, wischen Sie sie mit warmem Wasser ab, in das Sie einen Schuss Spiritus und Salmiakgeist gegeben haben.

159
Fugenreiniger
Weiße Fugen erhalten ihre ursprüngliche Farbe zurück, wenn sie mit Schlämmkreide eingerieben werden.

160
Duschvorhänge
Stockflecken in Ihrem Duschvorhang beseitigen Sie, indem Sie ihn mit in Zitronensaft gelöstem Natron abreiben. Anschließend weichen Sie den Vorhang eine Stunde in Salzwasser ein und spülen ihn gut mit Wasser aus.

161

Badewannen

Rostflecken in Badewannen, die durch tropfende Wasserhähne entstanden sind, können Sie mit einem Brei aus Borax und Essig beseitigen. Tragen Sie den Brei auf den Fleck auf, lassen Sie ihn einige Zeit einwirken und spülen Sie dann gründlich mit Wasser nach.

162

Kacheln

Fleckige Kacheln reinigen Sie am besten mit einer aufgeschnittenen Zitrone. Damit sie anschließend wieder glänzen, reiben Sie sie mit Wasser und etwas Milch ein, spülen gut nach und polieren die Kacheln anschließend.

163

Natursteinfliesen

Statt mit einer Glasur können Natursteinfliesen auch mit Leinöl imprägniert werden. Lassen Sie das Öl vor dem ersten feuchten Wischen mindestens zwei Wochen einwirken. Am besten fahren Sie in der Zwischenzeit in Urlaub.

164

Fliesenreiniger

Kalkflecken auf Fliesen lassen sich mühelos mit etwas Essig auf einem feuchten Tuch entfernen.

Badgeheimnisse
UTENSILIEN ZUR KÖRPERPFLEGE

165
Haarbürsten

Reinigen Sie Ihre Haarbürsten etwa alle zwei Wochen in 75 ml Essig und 300 ml lauwarmem Seifenwasser. Anschließend spülen Sie die Bürsten mit Wasser, dem Sie einige Tropfen Rosmarinöl beigegeben haben, gründlich aus und lassen sie in der Sonne trocknen.

166
Nagelbürste

Um Ihre Nagelbürste zu reinigen, legen Sie sie einige Stunden in kaltes Essigwasser.

167
Nagelfeilen

Verschmutzte Nagelfeilen lassen sich einfach reinigen, indem sie mit einem Klebeband beklebt werden. Drücken Sie den Klebestreifen fest an und ziehen Sie ihn dann mitsamt den Schmutzpartikeln wieder ab.

Decken, Wände & Böden

168
Schimmelflecken

An Wänden und Decken behandeln Sie kleinere Schimmelflecken mit Essigwasser. Bürsten Sie die Flecken damit ab, föhnen Sie die Stelle anschließend trocken und bürsten Sie sie dann noch einmal trocken ab.

169
Bilderrahmen

Ihre Bilder an den Wänden können nicht so leicht verrutschen, wenn Sie auf der Rahmenrückseite etwas Schaumstoff auf die Ecken kleben.

170
Mottenschutz

Sie schützen Ihre Teppiche gegen Motten, wenn Sie sie von Zeit zu Zeit mit etwas Lavendelöl besprenkeln.

171

Hochstehende Teppichecken

Nicht nur unschön, sondern auch eine Stolperfalle sind hochstehende Teppichecken. Streichen Sie sie von unten mit einem Speisestärkebrei ein. Nach dem Trocknen bügeln Sie die Ecken mit einem Stück Packpapier dazwischen flach. Stärkereste können mit einer Nagelbürste ausgebürstet werden.

172

Versengungen auf dem Teppich

Um leichte Brandflecken zu entfernen, halbieren Sie eine Zwiebel und reiben die Flecken mit einer der Schnittflächen ab.

173

Spinnweben

Spinnweben an Decken und Wänden entfernen Sie am einfachsten mit einem Besen, den Sie mit einem feuchten Tuch umwickelt haben.

174

Rußflecken auf dem Teppich

Neben einen Rußfleck legen Sie ein Stück Zeitung und blasen die oberste Rußschicht mit einer Luftpumpe darauf. Auf den Rest streuen Sie eine Mischung aus Weizenkleie und Salz, die Sie mit einer festen Bürste wieder ausbürsten.

175

Blutflecken auf dem Teppich

Auf frische Blutflecken geben Sie Mineralwasser, das Sie gleich mit Küchenpapier wieder aufsaugen. Wiederholen Sie diesen Vorgang mehrmals, bis der Fleck verschwunden ist.

176

Rotweinflecken auf dem Teppich

Rotweinflecken bestreuen Sie mit reichlich Salz und lassen es einige Zeit einwirken, bevor Sie es wieder absaugen. Bei älteren Flecken feuchten Sie die Stellen zunächst mit kaltem Wasser an, bevor Sie die Salzbehandlung beginnen.

177

Frische Teppichfarben

Farben lassen sich mit einer Mischung aus einem Teil
Essig und drei Teilen warmem Wasser wieder
auffrischen. Reiben Sie den Teppich einfach mit
einem in dieser Lösung getränkten Tuch ab.

178

Fettflecken auf dem Teppich

Streuen Sie reichlich Mehl auf die Fettflecken
und lassen es einige Zeit einwirken, bevor Sie
es wieder absaugen.

179

Malergeruch

Der störende Geruch frisch gestrichener
Wände verflüchtigt sich schneller, wenn Sie in
dem Zimmer Teller mit Kochsalz und
Zwiebelhälften aufstellen.

180

Betonböden

Nicht versiegelte Betonböden, etwa im Keller, sollten niemals mit Seife, sondern nur feucht aufgewischt werden, da sich die Seife im Boden festsetzt.

181

Laminatböden

Trocknen Sie Laminatböden nach dem Wischen wieder ab, damit sie nicht durch die Feuchtigkeit aufquellen.

182

PVC-Böden, Linoleumböden

Streifen von Absätzen können Sie einfach mit der Scheuerseite eines kleinen Spülschwämmchens entfernen. Hartnäckigere Flecken reiben Sie am besten mit in Terpentin getränkter feiner Stahlwolle vorsichtig ab.

183

Parkett

Dunkle Streifen auf dem Parkett lassen sich meistens einfach mit einem Radiergummi wegradieren. Auch mit farbloser Schuhcreme können sie mühelos abgerieben werden. Hartnäckigere Flecken weichen Sie kurz mit Spiritus ein und entfernen sie anschließend gründlich mit warmem Wasser.

Fenster & Gardinen

184
Fensterreiniger

Wenn Sie Ihre Fenster mit einem Drittel weißem Essig auf zwei Dritteln Wasser putzen und anschließend mit Zeitungspapier polieren, werden sie streifenfrei sauber. Auch abgewaschene Kartoffelschalen, die mit kochendem Wasser übergossen wurden, sind ein fabelhafter Fensterreiniger. Reiben Sie die Scheiben damit ab und polieren Sie mit einem weichen Tuch nach.

185
Fensterleder

Ihr Fensterleder bleibt auch nach dem Trocknen weich, wenn Sie es in lauwarmem Wasser auswaschen, in dem etwas Kochsalz gelöst ist.

186
Fensterkitt

Flecken auf Fensterkitt lassen sich leicht mit etwas Terpentin entfernen.

187
Fliegendreck

Fliegendreck auf Fensterrahmen lässt sich mühelos mit kaltem schwarzem Tee abreiben.

188

Gardinenwäsche

Ohne Waschmaschine bekommen Sie Ihre Gardinen wieder sauber, wenn Sie sie einige Stunden in einer Lösung aus 500 g Soda und 10 l Wasser einweichen lassen und anschließend gründlich mit Wasser ausspülen.

189

Gardinenfalten

Wenn Sie Ihre Gardinen nach dem Waschen aufgehängt haben, können Sie sie mit Wäscheklammern in die von Ihnen gewünschten Falten legen, indem Sie die Falten mit je zwei Klammern von vorn und hinten fixieren. Beim Trocknen werden die Falten stabil, und die Klammern können wieder abgenommen werden.

190

Gardinenweiß

Strahlend weiß werden Ihre Gardinen, wenn Sie beim Waschen in die Weichspülerkammer Ihrer Waschmaschine ein Päckchen Backpulver und je einen Spritzer Essig und Zitronensaft geben.

191

Gardinenstangen

Gardinen lassen sich wesentlich leichter auf- und zuziehen, wenn Sie die Gardinenstange mit etwas Talkum einreiben.

Möbel

192
Ledermöbel

Zur Pflege Ihrer Ledermöbel mischen Sie 150 ml Wasser mit 150 ml Milch und rühren ein Eiweiß unter. Bestreichen Sie das Leder mit Hilfe eines Schwamms mit der Mischung und polieren Sie nach dem Eintrocknen mit einer weichen Bürste nach.

193
Eichenmöbel

Für Eichenmöbel eignet sich besonders gut eine Mischung aus einem Stück Bienenwachs, 1 EL feinem Zucker, einem Ei und $1/4$ l Wasser. Kochen Sie die Mischung auf, lassen Sie sie anschließend ganz abkühlen und tragen Sie sie dann mit einem Pinsel auf. Nach dem Trocknen polieren Sie die Möbel mit einem weichen Tuch nach.

194

Dunkle Möbel

Dunkle Möbel lassen sich mit einer Mischung aus einem Teil Speiseöl und einem Teil Rotwein pflegen.

195

Holzpflege

Gleichzeitig Reinigung und Pflege geben Sie Ihren Holzmöbeln, wenn Sie sie mit einer Mischung aus einem Teil Essig und einem Teil Speiseöl abreiben. Bei dieser Behandlung verschwinden übrigens auch kleine Schrammen.

196

Möbelpolitur

Die einfachste Möbelpolitur besteht aus einer Prise Salz in einer Tasse Speiseöl.

197

Frische Farben

Die Farben Ihrer Polstermöbel frischen Sie mit warmem Wasser, dem eine Prise Salz und ein Schuss Essig zugegeben wurde, wieder auf.

198

Polster reinigen

Zum Reinigen streuen Sie Weizenkleie auf die Polster und reiben sie mit einem Tuch in die Fasern. Dann bürsten Sie die Kleie, die den Schmutz aufgenommen hat, einfach wieder ab. Um Ihre Polster zu entstauben, legen Sie einfach ein feuchtes Tuch darüber und klopfen mit einem Teppichklopfer oder auch mit einem ausrangierten Tennisschläger darauf. Das Tuch wird den Staub aufnehmen.

199

Schrammen auf Möbeln

Kleine Flecken und Schrammen auf dunklen Holzmöbeln können sehr erfolgreich mit etwas Speiseöl behandelt werden.

200

Hunde- und Katzenhaare

Tierhaare lassen sich mühelos mit einem feuchten Schwamm von Polstern abreiben.

201

Holzwürmer

Gegen Holzwürmer wirkt eine Mischung aus sechs Tropfen Teebaumöl, je $1/4$ l Terpentin und Essig sowie $1/2$ l abgekochtem Leinöl. Tragen Sie die Mischung jedoch nur dünn auf und polieren Sie sofort nach.

202

Unbehandeltes Holz

Schützen Sie unbehandelte Holzmöbel mit einer Wachsschicht aus 300 ml Bienenwachs und 300 ml Terpentinöl. Dazu schmelzen Sie das Bienenwachs in einer hitzebeständigen Schüssel, die über einen Topf mit heißem, aber nicht kochendem Wasser gestellt wird, und rühren dann das Terpentinöl ein. Tragen Sie die abgekühlte Mischung mit einem weichen Tuch dünn auf und polieren Sie mit einem sauberen Tuch nach.

Kleidung

203

Socken

Wenn sich Ihre weißen Socken in den
Schuhen verfärbt haben, legen Sie sie vor
dem Waschen in Boraxwasser ein.

204

Damenstrümpfe

Wenn Sie Ihre Strümpfe nach dem Waschen in etwas Essigwasser
spülen, werden sie wieder glänzend. Hängen Sie sie stets an den
Fußspitzen zum Trocknen auf, damit sie keine Streifen bekommen.

205

Kniestrümpfe

Rutschende Kniestrümpfe können sehr lästig sein. Nähen
Sie einfach einen schmalen Saum an die Oberseite der
Strümpfe und ziehen Sie ein Gummiband hindurch, dessen
Länge Sie Ihren Waden angepasst haben.

206

Angora

Waschen Sie Angorawollsachen in einer lauwarmen Feinwaschmittellauge und spülen Sie sie in lauwarmem Wasser gut aus, zuletzt geben Sie dem Wasser etwas Glyzerin zu. Drücken Sie die Kleidungsstücke in Handtüchern aus – nicht wringen – und streichen Sie dann mit einer weichen Bürste einmal mit und einmal gegen den Strich darüber.

207

Samt

Reiben Sie schwarzen Samt mit einem in Petroleum getränkten Tuch ab, bürsten Sie ihn dann gründlich nach und lüften Sie ihn gut aus. Der Samt wird wieder wie neu.

208

Baumwolle

Ohne eine Nadel zur Hand nehmen zu müssen, können Sie Löcher in Baumwollstoffen perfekt mit einem kleinen Stück des beschädigten Stoffes schließen: Lösen Sie einfach etwas Speisestärke in Wasser auf, tränken Sie das Stoffstück darin und bügeln Sie es auf das Loch auf.

209

Einlaufen von Wollsachen

Ihre Wollsachen laufen nicht ein, wenn Sie dem Waschwasser etwas Glyzerin zugeben.

210

Verfilzte Wollsachen

Verfilzte Wollsachen werden wieder schön, wenn sie über Nacht in Wasser mit Haarshampoo eingelegt werden. Anschließend gut mit Wasser ausspülen.

211

Wollfusseln

Wollfusseln sollten niemals abgezupft, sondern mit einer kleinen Schere sauber abgeschnitten werden.

212

Reißverschlüsse

Wenn ein Reißverschluss klemmt, reiben Sie ihn mit Seife ein, er lässt sich dann wieder mühelos auf- und zuziehen. Um einen Reißverschluss auf dem Rücken alleine zu schließen, verlängern Sie einfach das Zugende des Reißverschlusses mit einem Stück Kordel an einer Sicherheitsnadel.

213

Knopflöcher

Mit der Zeit fransen Knopflöcher leicht etwas aus. Streichen Sie einfach ein wenig farblosen Nagellack auf die Innenseite, dann hat das Gewebe wieder Halt.

214

Knöpfe

Ihre Knöpfe sitzen besonders lange fest, wenn Sie den Faden vor dem Annähen durch Bienenwachs ziehen.

215

Lackschuhe

Lackschuhe, die ab und zu mit Speiseöl eingerieben werden, werden nicht brüchig. Nach dem Trocknen einfach mit einem weichen Tuch nachpolieren. Neue Lackschuhe bleiben faltenfrei, wenn sie in der Phase des Einlaufens mit Rizinusöl behandelt werden.

216

Schuhsohlen

Ledersohlen sind weniger rutschig, wenn sie mit feinem Sandpapier aufgeraut werden.

217

Drückende Schuhe

Reiben Sie drückende Schuhe innen mit reinem Alkohol ein. Wenn Sie die Schuhe gleich anschließend anziehen, passen sie sich Ihren Füßen an.

218

Wildlederschuhe

Wildlederschuhe werden wieder wie neu, wenn Sie sie mit feinem Sandpapier aufrauen und dann mit etwas Essig einreiben.

219
Wäschestärke
Zum Stärken Ihrer Wäsche eignet sich das nicht gesalzene Kochwasser von Reis, mit dem Sie die Wäsche beim Bügeln einsprenkeln.

220
Weichspüler
Geben Sie statt einem Weichspüler einen Schuss Essig in die Weichspülerkammer Ihrer Waschmaschine. Auch durch den Essig bekommt die Wäsche einen frischen Duft und wird kuschelweich. Zusätzlich schützen Sie damit auch noch Ihre Waschmaschine vor Kalk.

221
Verfärbte Wäsche
Beim Waschen verfärbte Wäsche lässt sich mit frischer Milch retten: Legen Sie die Wäsche darin ein, bis die Milch sauer wird, und spülen Sie sie dann mit Wasser gründlich aus.

222
Weißwäsche
Ein strahlendes Weiß erhalten Sie, wenn Sie dem Weichspüler ein Päckchen Backpulver zufügen. Einen Grauschleier verhindern Sie ebenfalls, wenn Sie ab und zu ein paar Zitronenscheiben mit in die Wäschetrommel legen.

223

Filz

Wasserflecken in Filzstoffen
entfernen Sie einfach, indem Sie
den Stoff mit feinem Sandpapier
vorsichtig etwas aufrauen.

224

Gummibänder

Am schnellsten tauschen Sie ein ausgeleiertes Gummiband
gegen ein neues aus, indem Sie das neue Band mit einer
Sicherheitsnadel an das alte heften. Wenn Sie das alte Band
nun herausziehen, fädeln Sie gleichzeitig das neue ein.

225

Leder

Pflegen Sie Ihre Kleidungsstücke
aus Leder, indem Sie sie etwa
alle zwei Wochen mit etwas
Rizinusöl abreiben.

226

Bügeln

Zwischen empfindliche Stoffe und das Bügeleisen sollten Sie beim Bügeln ein dünnes Tuch legen, damit die Stoffe nicht beschädigt werden. Schwarze Stoffe bügeln Sie am besten, indem Sie die Kleidungsstücke auf die linke Seite drehen, da die schwarze Farbe schnell durch die Hitze beim Bügeln helle Ränder und Flächen auf dem Stoff bildet.

227

Bügelfalten

Wenn Sie vor dem Einbügeln der Falten den Stoff von links etwas anfeuchten, werden die Falten stabiler.

228

Bügeleisen

Die Lauffläche Ihres Bügeleisens gleitet besser über den Stoff, wenn Sie ab und zu mit einer Kerze über die heiße Fläche streichen und sie anschließend mit einem Lappen abreiben. Füllen Sie Ihr Dampfbügeleisen nur mit destilliertem Wasser, da sich sonst Kalk in den Düsen ablagert und Flecken auf der Wäsche verursacht oder die Düsen ganz verstopfen kann.

229

Bügelbrett

Fast wie von selbst lässt sich Ihre Wäsche bügeln, wenn Sie über das Bügelbrett ein Stück Alufolie spannen. Die Folie reflektiert die Hitze und bügelt die Wäsche quasi gleich von unten mit.

230

Wäsche trocknen

Wenn Sie Ihre Wäsche im Sommer draußen aufhängen, drehen Sie bunte Kleidungsstücke auf links, damit sie nicht von der Sonne ausgebleicht werden. Geben Sie im Winter dem letzten Spülgang beim Waschen eine Prise Salz bei, dann friert die Wäsche auch draußen nicht ein.

231

Handtücher

Hart gewordenes Frottee wird in kochendem Salzwasser wieder weich. Spülen Sie es anschließend gut mit Wasser aus.

232

Vergilbte Wäsche

Um das Vergilben der Wäsche zu verhindern, wickeln Sie sie in blaues Seidenpapier ein, das die Wäsche vor der schädlichen Sonneneinstrahlung bewahrt. Bereits vergilbte Wäsche wird wieder weiß, wenn sie in einer Lösung aus 1 TL Terpentin und 1 EL Spiritus in 10 l Wasser ausgespült wird. Auch wenn Sie vergilbte Wäsche vor dem Waschen sechs Stunden in Vollmilch einweichen, wird sie im normalen Waschgang wieder weiß.

233

Feinwäsche

Besonders empfindliche Feinwäsche leidet nicht unter dem Waschen, wenn Sie sie in einen Kissenbezug geben, diesen zuknöpfen und anschließend so in die Maschine stecken.

234

Decken

Ihre Decken verziehen sich beim Trocknen nicht, wenn Sie sie nach dem Waschen zu einem Dreieck gefaltet über die Leine hängen.

235

Stickereien

Bügeln Sie Ihre bestickten Wäschestücke von links und legen Sie zwischen das Bügeleisen und die Stickerei ein mit Essigwasser befeuchtetes Tuch. So bleibt die Farbe des empfindlichen Gewebes frisch.

236

Dunkle Stoffe

Kochen Sie in 1 l Wasser 15 g Efeublätter fünf Minuten lang
aus und waschen Sie Ihre dunklen Stoffe in dem abgekühlten,
aber noch warmen Sud – sie werden dann wieder wie neu.

237

Kleiderbügel

Blusen und Hemden rutschen nicht mehr von
Kleiderbügeln, die an ihren Enden mit
Haushaltsgummis umwickelt sind.

238

Hosenbügel

Kleben Sie auf die Innenseiten des Bügels
etwas Schaumgummi, dann rutschen die
Hosen nicht mehr herunter.

239

Badekappen

Badekappen, die leicht mit Glyzerin bestrichen und mit etwas Talkum bestreut werden, bleiben geschmeidig, auch wenn sie längere Zeit nicht benutzt werden.

240

Kunstseide

Wenn Sie Ihre Kleidungsstücke aus Kunstseide nach dem Waschen in Essigwasser nachspülen, bekommen sie mehr Glanz.

241

Knitter

Zerknitterte Jacken und Hosen werden wieder glatt, wenn die Knitterstellen angefeuchtet werden. Die Falten hängen sich beim Trocknen aus. Noch schneller wirkt bei einigen Stoffen Wasserdampf: Halten Sie die zerknitterten Stellen über einen dampfenden Wassertopf oder auch über das heiße Wasser aus dem Badewannenhahn.

242

Mottenschutz im Kleiderschrank

Gegen Motten, aber auch gegen andere Insekten, wirkt Lavendel.

Hängen Sie einfach Lavendelsäckchen an die Kleiderstange und

legen Sie weitere Lavendelsäckchen in die Wäschefächer.

243

Guter Duft im Kleiderschrank

Sie können Ihrem Kleiderschrank und damit auch Ihren Kleidungsstücken den

angenehmen Duft Ihres Lieblingsparfüms verleihen, wenn Sie ein Löschblatt

in Stücke schneiden, auf jedes ein paar Tropfen Parfüm geben

und das Löschpapier im Schrank verteilen.

244

Leuchtende Farben

Bunte Stoffe leuchten wieder, wenn sie vor dem Waschen in Essigwasser gespült werden. Hängen Sie bunte Wäsche nie in die volle Sonne, da sonst die Farben ausbleichen.

245

Jeans

Um die Farbe einer ausgebleichten Jeans wieder aufzufrischen, waschen Sie sie einfach zusammen mit einer neuen Jeans.

246

Hosen

Wenn Sie in den Kniebeugen der Hoseninnenseite von einer Naht zur anderen je ein Stück Seide annähen, das etwas kürzer ist als die Hosenbeinweite, beulen die Knie beim Tragen der Hose nicht mehr aus.

247

Bündchen

Ausgeleierte Bündchen bringen Sie mit
einem Nähgummifaden, den Sie mit einer
Stopfnadel durch die Maschen des
Bündchens ziehen, wieder in Form.

248

Mantelkragen

Der Mantelkragen verschmutzt schneller als der Rest des Mantels.
Um ihn zwischendurch zu reinigen, geben Sie eine Tüte Backpulver
darauf und lassen es eine Stunde einwirken. Dann bürsten Sie das
Backpulver einfach wieder aus.

249

Faden

Um den Faden besser in die Nähnadel einfädeln zu können, halten Sie das Nadelöhr vor einen kontrastreichen Hintergrund: bei einem weißen Faden vor eine dunkle Fläche, bei einem schwarzen Faden vor ein weißes Blatt Papier.

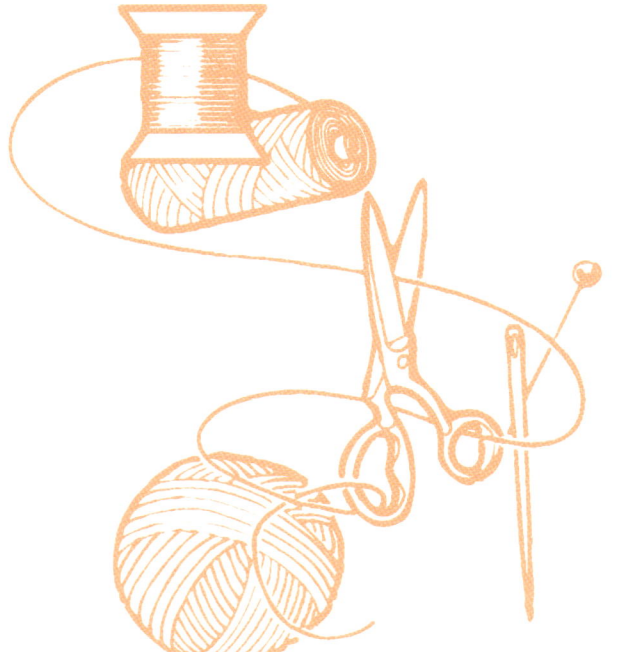

250

Naht

Nehmen Sie eine Pinzette zu Hilfe, um eine Naht zu lösen, dann lässt sich der Faden leicht auszupfen.

Fleckenentfernung

251

Fleckenwasser selbst herstellen

Kochen Sie weiße Bohnen in ungesalzenem Wasser. Dieses Kochwasser lässt sich anschließend als ebenso schonendes wie wirksames Fleckenwasser benutzen. Das ungesalzene Kochwasser von Kartoffeln erfüllt den gleichen Zweck. Auch ein Schuss Salmiakgeist in lauwarmem Seifenwasser ergibt ein wirksames Fleckenwasser.

252

Fleckenwasser für Wolle

Für Wolle eignet sich besonders gut Boraxwasser (etwas Borax in kochendem Wasser auflösen) als Fleckenwasser.

253

Fleckenwasser für empfindliche Stoffe

Bei empfindlichen Stoffen empfiehlt sich eine Mischung aus einem Teil Salmiakgeist und acht Teilen Wasser.

254

Erdbeeren

Ist der Fleck noch frisch, können Sie ihn mit lauwarmem Wasser auswaschen. Ältere Flecken verschwinden in Seifenwasser. Bei empfindlichen Stoffen befeuchten Sie den Fleck mit reinem Alkohol und waschen ihn dann mit Wasser aus.

255

Apfelsinensaft

Geben Sie etwas Glyzerin auf den Fleck und lassen Sie ihn einweichen. Dann spülen Sie das Kleidungsstück mit lauwarmem Wasser aus.

256

Obst

Allgemein hilft gegen Obstflecken das Bestreuen vor dem Waschen mit Kochsalz. Geben Sie reichlich davon auf den Fleck und lassen Sie es eine Zeit lang einwirken.

257

Schwarzkirschen

Gegen Schwarzkirschenflecken hilft der Saft von Weißkirschen. Weichen Sie den Fleck damit ein und waschen Sie ihn anschließend in lauwarmem Seifenwasser aus.

258

Kompott

Kompottflecken können mit Wasser ausgewaschen werden, nachdem sie mit einer dünnen Salmiaklösung abgerieben und dann über Nacht in Buttermilch eingeweicht worden sind, der ein paar Spritzer Zitronensaft zugefügt wurden.

259

Pfirsich

Lassen Sie Pfirsichflecken gut in Glyzerin einweichen und waschen Sie sie dann in Seifenwasser aus.

260

Kirschen

Legen Sie das befleckte Kleidungsstück eine Stunde in eine Lösung aus einem Teil Salmiakgeist, drei Teilen Äther und drei Teilen Wasser ein und waschen Sie es dann mit kaltem Wasser aus.

261

Holunderbeeren

Waschen Sie den Fleck mit
Wasserstoffsuperoxyd aus und spülen
Sie mit kaltem Wasser nach.

262

Johannisbeeren

Frische Johannisbeerflecken
lassen sich leicht entfernen, wenn
sie mit Zitronensaft eingeweicht
und dann mit lauwarmem Wasser
ausgespült werden.

263

Blaubeeren

Weichen Sie den Blaubeerfleck in saurer Milch ein und
spülen Sie ihn anschließend mit warmem Wasser aus.

264

Banane

Bananenflecken lassen sich mit Essig
oder Zitronensaft entfernen. Behandeln
Sie die Flecken aber sofort!

265

Möhren

Geben Sie vor dem Waschen etwas Schmierseife
auf den Möhrenfleck und lassen Sie ihn kurze
Zeit einweichen, dann verschwindet er spurlos.

266

Marmelade

Marmeladenflecken weichen Sie
kurz in Seifenwasser ein und waschen
sie dann darin aus.

267

Rotkohl

Rotkohlflecken lassen sich mit warmem
Seifenwasser auswaschen.

268

Tomaten

Frische Flecken können Sie in warmem Seifenwasser auswaschen. Bei älteren Flecken weichen Sie den Stoff vor dem Waschen in Sodawasser ein.

269

Rote Bete

Spülen Sie Rote-Bete-Flecken zunächst mit warmem Seifenwasser aus und entfernen Sie sie dann mit Salmiakgeistlösung aus dem Stoff.

270

Spinat

Reiben Sie Spinatflecken mit einer rohen Kartoffel ein und waschen Sie sie dann in warmem Seifenwasser aus.

271

Bier

Ein Bierfleck lässt sich mit lauwarmem Wasser auswaschen.

272

Bowle

Bowleflecken lassen sich leicht mit Seifenwasser auswaschen. Empfindliche Stoffe können auch mit verdünntem Salmiakgeist behandelt werden.

273

Rotwein

Ein alter und wirksamer Trick gegen die gefürchteten Rotweinflecken ist einfaches Kochsalz: Streuen Sie vor dem Waschen reichlich davon auf den Fleck und lassen Sie es einige Zeit einwirken.

274

Weißwein

Auch Weißweinflecken sollten wie Rotweinflecken reichlich mit Kochsalz bestreut werden. Anschließend lassen sie sich in Seifenwasser auswaschen.

275

Milch

Frische Milchflecken können Sie mit lauwarmem Seifenwasser auswaschen, ältere verschwinden nach einer Behandlung mit Terpentinöl. Spülen Sie den Stoff anschließend in Wasser aus.

276

Kakao

Kakaoflecken sollten Sie zuerst mit kaltem Wasser auswaschen und dann mit lauwarmem Wasser nachspülen.

277

Likör

Likörflecken lassen sich mit Gallseife entfernen. Spülen Sie anschließend gründlich mit Wasser nach.

278

Tee

Frische Teeflecken können mit warmem Seifenwasser ausgewaschen werden. Ältere Flecken lassen sich mit Glyzerin oder mit Zitronensaft, der mit etwas Wasser verdünnt wurde, behandeln. Spülen Sie anschließend gründlich mit warmem Wasser nach.

279

Kaffee

Lassen Sie Kaffeeflecken kurz in Glyzerin einweichen und waschen Sie sie anschließend mit Wasser aus.

280

Joghurt

Joghurtflecken lassen sich nach dem Eintrocknen ganz einfach ausbürsten.

281

Lakritze

Entfernen Sie Lakritzeflecken mit einer Salmiakgeistlösung und spülen Sie anschließend gründlich mit Wasser nach. Auch mit Schmierseifenwasser lassen sich Lakritzeflecken auswaschen.

282

Eigelb

Eigelbflecken sollten nicht sofort, das heißt in noch feuchtem Zustand, behandelt werden. Erst nach dem Trocknen lässt sich die obere Schicht vorsichtig mit dem Finger abkratzen. Die verbliebenen Reste können Sie dann mit Reinigungsbenzin auswaschen.

283

Kaugummi

Wenn Sie sich in einen Kaugummi gesetzt haben, legen Sie die Hose in einer Plastiktüte ins Gefrierfach, bis der Kaugummi fest geworden ist und sich vom Stoff abziehen lässt.

284

Butter

Butterflecken können Sie mit etwas verdünntem Salmiakgeist entfernen.

285

Eiweiß

Frische Eiweißflecken können Sie in kaltem Wasser auswaschen. Bei älteren Flecken hilft Einweichen in verdünntem Salmiakgeist und anschließendes Auswaschen in kaltem Wasser.

286

Senf

Behandeln Sie Senfflecken mit warmem Seifenwasser und anschließend mit etwas Salmiakgeistlösung. Ältere Flecken weichen Sie kurz in Glycerin ein und waschen sie dann mit warmem Seifenwasser aus.

287

Speiseeis

Wenn Ihnen Speiseeis auf die Kleidung getropft ist, können Sie den Fleck mit einer Salmiak-geistlösung, der etwas Seifenwasser und Spiritus zugefügt ist, behandeln. Spülen Sie anschließend gründlich mit Wasser nach.

288

Speisefett

Fettflecken lassen sich einfach mit Speisestärke ausbürsten, die dick über die Flecken gestreut wurde und eine Zeit lang eingewirkt hat.

289

Schokolade

Weichen Sie Schokoladenflecken zunächst in etwas Glycerin ein und waschen Sie sie anschließend mit warmem Seifenwasser aus.

290

Bleistift

Waschen Sie Bleistiftflecken in warmem Seifenwasser aus. Von Ledertextilien können Sie den Bleistift ganz einfach mit einem weichen Radiergummi wegradieren.

291

Tinte

Lassen Sie Tintenflecken vor dem Waschen in Zitronenwasser, Buttermilch oder saurer Milch gut einweichen.

292

Druckerschwärze

Wenn Sie beim Zeitunglesen etwas Druckerschwärze auf Ihre Kleidung bekommen haben, lässt sich der Fleck mit Terpentin wieder auswaschen.

293

Kugelschreiber

Um die Spuren eines Kugelschreibers wieder zu entfernen, eignet sich am besten ein Stück Gallseife. Betupfen Sie den Fleck damit und spülen Sie anschließend gründlich mit Wasser nach. Empfindliche Stoffe können auch mit reinem Alkohol behandelt werden. Frische Flecken lassen sich oft auch mit einfachem Seifenwasser auswaschen.

294

Gras

Zur Behandlung von Grasflecken in weißen Textilien legen Sie den Stoff in eine Lösung aus 50 g Wasser, 50 g Salmiakgeist und 5 g Wasserstoffsuperoxyd ein. Dann waschen Sie ihn mit kaltem Wasser aus. Für farbige Stoffe verwenden Sie eine Mischung aus einem Schuss Spiritus, einigen Tropfen Salmiakgeist und heißem Wasser.

295

Jod

Ein Jodfleck sollte sofort mit einer rohen Kartoffel eingerieben werden. Wenn Sie ihn dann in Wasser legen, verschwindet er von allein. Ältere Flecken lassen sich mit einer dünnen Salmiakgeistlösung behandeln.

296

Teer

Waschen Sie Teerflecken zunächst mit Seifenwasser aus und behandeln Sie sie dann mit Reinigungsbenzin.

297

Maschinenöl

Wenn Sie den Fleck in einer Salmiakgeistlösung einweichen, können Sie ihn mit lauwarmem Wasser einfach auswaschen.

298

Parfüm

Parfümflecken lassen sich mit Glycerin entfernen.

299
Lippenstift
Weichen Sie den Lippenstiftfleck
mit Glyzerin ein, und er
verschwindet beim Waschen.

300
Lackfarbe
Lacke, für die als Pinselreiniger Terpentin geeignet ist, lassen
sich auch mit Terpentin aus Stoffen wieder entfernen. Für die
Behandlung einiger Lackflecken ist Spiritus geeignet.

301
Stockflecken
Vor dem Waschen geben Sie Buttermilch einen guten Schuss Essig zu und
weichen die Kleidung mit den Stockflecken darin über Nacht ein.

302
Tusche
Waschen Sie Tuscheflecken einfach
in kaltem Wasser aus.

303
Rasierschaum
Frische Rasierschaumflecken lassen sich leicht mit
warmem Wasser auswaschen. Ältere Flecken
können Sie mit etwas Essigwasser entfernen.

304
Versengungen
Leichte Brandflecken von Bügeleisen oder Zigarette sollten möglichst sofort
behandelt werden. Halbieren Sie eine Zwiebel und reiben Sie die versengte
Stelle mit den Schnittflächen ein. Dann lassen Sie den Zwiebelsaft einige Zeit
einwirken und waschen ihn schließlich mit kaltem Wasser aus.

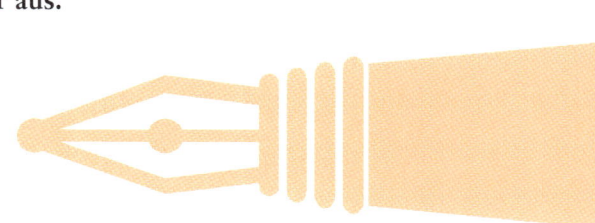

305

Gallseife

Wenn Sie Gallseife selbst herstellen wollen, lösen Sie in einem Topf 1 kg Kernseife unter Rühren in etwas warmem Wasser auf und geben dann 350 g Ochsengalle zu. Erhitzen Sie die Mischung, bis ein Tropfen davon auf einer kalten Untertasse sofort erhärtet. Dann geben Sie je 5 g Honig und Terpentinöl, 10 g Zucker und 12 g Salmiakgeist zu, vermischen die Zutaten gut miteinander und lassen die Masse abkühlen.

306

Schweiß

Lassen Sie Schweißflecken vor dem Waschen einige Zeit in Essigwasser einweichen, sie verschwinden dann spurlos.

307

Blut

Wenn der Fleck noch frisch ist, lässt er sich in kaltem Wasser auswaschen. Es ist sehr wichtig, dass das Wasser wirklich kalt ist, weil das Blut bei der Berührung mit warmem Wasser gerinnt und dann äußerst hartnäckige Flecken gibt. Eingetrocknete Blutflecken sollten in Salzwasser eingeweicht, das Kleidungsstück darin vorgewaschen und anschließend in warmem Seifenwasser ausgewaschen werden.

308

Kalk

Mit einem Tuch, das in Essig getaucht wurde, lassen sich Kalkflecken leicht entfernen.

309

Rost

Gegen Rostflecken hilft Zitronensaft, mit dem sich die Flecken gut auswaschen lassen.

310

Klebstoff

Gegen die meisten Klebstoffe hilft nur das Einweichen in Spiritus. Wenn der Fleck entfernt ist, sollten Sie die Stelle gut ausspülen. Bei einigen Klebstoffen reicht aber auch lauwarmes Essigwasser, um den Fleck einzuweichen und anschließend auszuwaschen.

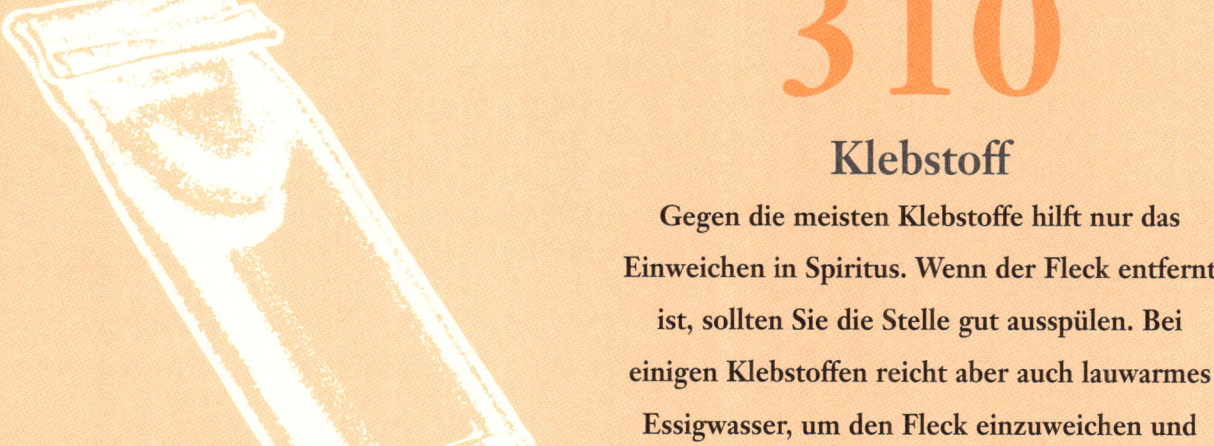

311

Petroleum

Streuen Sie reichlich Speisestärke auf den Fleck,
legen Sie ein Blatt Löschpapier darüber und gehen
Sie dann mit einem heißen Bügeleisen über das
Papier. Anschließend bürsten Sie die Stärke wieder
ab und lüften das Kleidungsstück im Freien.

312

Puder

Bürsten Sie Puderflecken ab und
waschen Sie sie anschließend mit
etwas Reinigungsbenzin aus.

313

Kerzenwachs

Legen Sie unter und über den Fleck ein Löschblatt
und bügeln Sie auf Seidentemperatur darüber. Das
Wachs wird durch die Hitze flüssig und von den
Löschblättern aus dem Stoff gesogen.

Ungeziefer & andere Plagegeister
AN MENSCH & HAUSTIER

314

Flöhe

Hunde- und Katzenflöhe werden Ihre vierbeinigen Lieblinge bald verlassen, wenn Sie Flohkraut oder Eukalyptus unter die Schlafplatzdecke Ihres treuen Freundes legen. Auch etwas Teebaumöl auf dem Halsband hält die Parasiten fern.

315

Kopfläuse

Das Waschen der Kopfhaut und der (möglichst kurzen) Haare mit heißem Essig haben sich als Mittel gegen Kopfläuse bewährt. Auch das Einreiben der Kopfhaut mit Rosmarinöl hilft gegen Kopfläuse.

316

Zecken

Drehen Sie Zecken zunächst ein gutes Stück an ihrem Körper (dabei ist es egal, ob mit oder gegen den Uhrzeigersinn) und ziehen Sie sie erst dann heraus. Versuchen Sie nie, Zecken, die sich festgebissen haben, mit Öl oder Alkohol abzutöten, da dies nur dazu führt, dass die Zecken ihren infizierten Speichel ins Blut abgeben. Ist die Bissstelle nach zwei Tagen immer noch zu sehen, konsultieren Sie den Arzt!

Ungeziefer & andere Plagegeister
im Haus

317

Ameisen in der Küche

Diese winzigen Plagegeister werden Ihre Küchenregale und -schränke meiden, wenn Sie dort Pfefferminze, Chilischoten oder auch Gewürznelken auslegen. Auch das Auslegen von Wermut und Enzian oder eine Untertasse mit etwas Petroleum vertreibt die Ameisen aus Ihrer Küche.

318

Ameisen fern halten

Um Ameisen von Honig und Süßigkeiten fern zu halten, machen Sie einen dicken Kreidekreis um die Töpfe und Gläser. Wenn Sie den Tisch, auf dem sich die von den Ameisen begehrten Lebensmittel befinden, mit den Beinen in Wasserschüsseln stellen, sind die Sachen auf dem Tisch vor ihnen geschützt.

319

Ameisen vernichten

Hat ein Ameisenstaat sich ganz in Ihrer Wohnung eingenistet, können Sie ihn mit Hilfe eines Honig-Hefe-Breis vernichten. Stellen Sie Schälchen mit einem Teil Hefe und zwei Teilen Honig in die Nähe der Ameisenstraßen – der Honig lockt die Ameisen an und wird von ihnen zusammen mit der Hefe gefressen und an den Nachwuchs verfüttert. Die Hefe ist für Ameisen Gift.

320

Backobstkäfer

Das befallene Backobst sollten Sie sofort außerhalb des Hauses entsorgen und den Küchenschrank, in dem Sie das Obst aufbewahrt haben, gründlich mit Essigwasser auswaschen.

321

Blattläuse

Ein wirksames Mittel gegen Blattläuse ist Zigaretten- oder Zigarrenasche. Streuen Sie die Asche einfach auf die Blumenerde, bis die Läuse verschwunden sind.

322

Erdflöhe

Diese Plagegeister in der Blumenerde Ihrer Topfblumen verschwinden bald, nachdem Sie ein Streichholz mit dem Kopf nach unten in die Erde gesteckt haben.

323

Essigfliegen

Gegen die Essigfliegen helfen ein paar Tropfen Lavendelöl in einem Öllämpchen oder Zitronen, die mit Nelken gespickt sind. Basilikumtöpfe auf der Fensterbank verhindern, dass Essigfliegen in die Wohnung kommen.

324

Fliegen vertreiben

Gegen lästige Fliegen helfen aufgehängte
Holunderbündel oder auch Rainfarnbündel.
Auf dem gedeckten Tisch können Sie auch
Zitronen auslegen, die mit Nelken gespickt
sind – dann haben Sie Ruhe vor den
Plagegeistern. Damit Fliegen gar nicht erst
in die Wohnung kommen, helfen Töpfe mit
Basilikum auf der Fensterbank.

325

Frost

Die meisten Insekten sind frostempfindlich. Das
Einfrieren von befallenen Textilien ist daher eine
wirksame Methode gegen viele Ungezieferarten. Im
Winter lassen sich im Garten oder auf dem Balkon
so auch ganze Teppiche von Ungeziefer befreien.

326

Getreideplattkäfer

Wenn Sie einige Lorbeerblätter in
Ihre Mehl- oder Körnerbestände
legen, sind sie vor dem
Getreideplattkäfer geschützt.

327

Hausstaubmilben

Die wirksamste Bekämpfung der allergieauslösenden Hausstaubmilben ist der Verzicht auf Staubfänger wie Teppiche, Polstermöbel und Vorhänge. Da Milben sich von Hautschuppen ernähren, sind Handtücher und Bettwäsche ihre bevorzugten Aufenthaltsorte. Lüften Sie Ihre Wäsche am besten in der Sonne, da dies desinfizierend wirkt.

328

Holzwürmer

Gegen Holzwürmer hilft das Ausspritzen der Löcher mit Reinigungsbenzin oder mit dem Sud von Wermut. Mit frisch geschälten Eicheln, die vor die Löcher gelegt werden, lassen sich die Holzwürmer aus dem Holz herauslocken und können dann beseitigt werden.

329

Kräuter

Einige Kräuter halten dank ihrer ätherischen Öle Insekten fern. Besonders guten Insektenschutz bieten Basilikum, Kerbel, Lavendel, Rosmarin, Pfefferminze und Melisse, die Sie auch getrocknet auf die Fensterbank legen können.

330

Hundertfüßler

Legen Sie über Nacht einen feuchten Lappen in Ihren Keller, wenn Sie dort Hundertfüßler entdeckt haben. Die Tiere werden von dem Lappen angelockt und können am nächsten Morgen damit nach draußen gebracht werden.

331

Mäuse

Mäuse meiden Pfefferminze, Chilischoten und Gewürznelken und können damit auch von Menschen, die keine Katzen halten, ohne Mausefalle erfolgreich fern gehalten werden. Auch Oleanderblätter, zu Pulver zerrieben und in die Mauselöcher gestreut, vertreiben die Mäuse.

332

Kellerasseln

Geben Sie einige gekochte Kartoffeln in leere Blumentöpfe, bedecken Sie die Kartoffeln mit etwas welkem Gras und lehnen Sie die Töpfe an eine Kellerwand. Die Kellerasseln werden sich in den Blumentöpfen sammeln und können so leicht beseitigt werden.

333

Motten

Motten halten sich von Ihren Wollsachen fern, wenn Sie Rainfarn und Wermut dazwischenlegen. Aus Polstermöbeln vertreiben Sie Motten mit Essigdampf: Stellen Sie eine heiße Blechschüssel unter die Möbel und gießen Sie etwas Essig hinein. Die Möbel sollten währenddessen verhängt sein. Motten mögen auch keine Druckerschwärze, deshalb werden sie ebenfalls von Zeitungspapier, das mindestens einmal im Monat erneuert wird, fern gehalten.

334

Mücken

Ein paar Tropfen Lorbeeröl in einem kleinen Schälchen oder Öllämpchen schützt vor Mücken. Auch die Rizinuspflanze hält Stechmücken fern. Stellen Sie einfach in jedem Zimmer eine Pflanze auf, und die Mücken werden einen großen Bogen um Ihr Zuhause machen. Zum Einreiben der Haut eignet sich eine Mischung aus 100 ml Mandel- oder Olivenöl und 30 Tropfen Zitronen- oder Nelkenöl.

335

Ohrwürmer

Ohrwürmer kriechen gern in dunkle Ritzen und lassen sich deshalb gut mit etwas Holzwolle fangen, die Sie abends unter ein Glas legen. Am nächsten Morgen können Sie die Ohrwürmer aussetzen, indem Sie ein Blatt Papier unter das Glas schieben, es dann so verschlossen hochheben und den Inhalt im Freien entsorgen.

336

Öllämpchen

Einige Tröpfchen ätherischer Öle in einem kleinen Öllämpchen sind ein Universalmittel gegen Ungeziefer, das sowohl im Garten als auch auf der Fensterbank ausgezeichnete Dienste leistet. Besonders wirksam sind zum Beispiel Zitronen-, Pfefferminz-, Lavendel- und Eukalyptusöl.

337

Parkettkäfer

Wenn das Parkett befallen ist, hilft nur der Austausch des Holzes. Möbel und andere transportable Holzgegenstände können im Winter ins Freie gestellt werden, da die Käferlarven bei Frost absterben.

338

Pelzkäfer

Entsorgen Sie die befallenen Textilien und legen Sie die Kleidung, bei der der Befall nicht offensichtlich ist, die aber gefährdet sein könnte, für drei Tage in den Gefrierschrank, bevor Sie sie waschen. Den Schrank sollten Sie gründlich mit Essigwasser auswaschen, so wird der Pelzkäfer dauerhaft gebannt.

339

Schaben

Schaben meiden den Geruch von Salzheringen und lassen sich vertreiben, indem Sie mehrere Salzheringe in den befallenen Räumen auslegen. Bei schwerem Befall sollten Sie einen professionellen Schädlingsbekämpfer bestellen, da Schaben gefährliche Krankheiten übertragen können.

340

Schildläuse

Schildläuse lassen sich leicht mit einer Nadel von der befallenen Pflanze abheben. Waschen Sie anschließend die Blätter der Pflanze mit Seifenwasser ab.

341

Silberfische

Geben Sie etwas verdünntes Lavendelöl auf die Stellen, in denen sich die Silberfische verstecken, und Sie werden die ungebetenen Gäste bald los sein.

342

Spinnmilben

Waschen Sie die Blätter der befallenen Pflanze einfach wiederholt mit Seifenwasser ab, um sie von den Spinnmilben zu befreien.

343

Staubläuse

Staubläuse brauchen viel Feuchtigkeit, daher ist eine trockene Wohnung das beste Mittel, sich vor ihnen zu schützen. Ihre Bücher, Tapeten und Lebensmittel werden nicht von der Staublaus heimgesucht, wenn Sie regelmäßig lüften und im Winter gut heizen.

344

Wanzen

Ein unfehlbares Mittel gegen Wanzen ist Essigsäure, mit der sowohl das Zimmer als auch die Fugen und Ecken des Bettgestells ausgespritzt werden. Petroleum und Terpentinöl sind für Wanzen tödlich, sollten allerdings nur in gut gelüfteten Räumen eingesetzt werden.

345

Wespen

Um zu verhindern, dass Wespen in die Wohnung kommen, können Sie Brennnesselbüschel in die Fenster hängen. Von Ihrem Essenstisch im Freien halten Sie Wespen mit einem Glas ab, das etwa zur Hälfte mit in Wasser aufgelöster Marmelade gefüllt ist. Auch der Geruch von gedünsteten Zwiebeln oder dampfendes Essigwasser halten Wespen fern.

346

Wollläuse

Wenn Sie die befallene Pflanze wiederholt mit Seifenwasser abwaschen, verschwinden die Wollläuse.

Ungeziefer & andere Plagegeister
IM GARTEN

347

Blattläuse auf Rosen

Von Rosenstängeln lassen sich Blattläuse bei leichtem Befall einfach mit einem Pinsel »abstauben«. Bei stärkerem Befall helfen am besten Marienkäfer, die möglichst zahlreich auf den Blumen ausgesetzt werden.

348

Bremsen

Wenn Sie sich mit einem Sud aus Petersilie waschen, sind Sie vor den lästigen Bremsen sicher. Auch durch das Waschen mit dem Sud aus Lorbeerblättern und Knoblauch oder einfach durch das Einreiben mit etwas Margarine lassen sich Bremsen fern halten.

349

Engerlinge

Diese Larven vertreiben Sie wirksam aus Ihren Beeten, wenn Sie im Herbst oder Winter Kalk auf die Erde streuen und gegebenenfalls etwas unterharken.

350

Hasen

Hasen- und Kaninchenschäden im Obst- und Gemüseanbau lassen sich mit einfachen Mitteln verhüten: Ziehen Sie einen Bindfaden, der einige Stunden in Petroleum eingelegt wurde, um die Beete. Junge Obstbäume werden geschützt, indem sie etwa 1 m hoch mit Stroh eingebunden werden.

351

Katzen

Um Vogelnester vor Katzen zu schützen, binden Sie einen Kranz langhalsiger Flaschen mit dem Flaschenhals nach oben in etwa 2 m Höhe um den Baumstamm. Zwischen den Flaschen sollte kein Zwischenraum bleiben.

352

Kirschfliegen

Wenn Sie in Ihre Kirschbäume am Anfang der Kirschreife gelbe Kunststoffflächen hängen, die mit Klebstoff bestrichen sind, so haben Sie Ihre Ernte wirksam vor Kirschfliegen/Fruchtfliegen geschützt.

353

Kohlfliegen

Geben Sie in jedes Pflanzloch eine Hand voll Holzasche, so ist Ihr Kohl vor den Larven der Kohlfliegen geschützt.

354

Maulwürfe

Die größten Feinde eines jeden Rasenliebhabers können Sie mit einem alten Tuch, das in Petroleum getaucht wurde, wieder loswerden. Legen Sie das Tuch in einen Maulwurfgang und dichten Sie ihn anschließend mit Erde ab. Ein in Heringslake getauchtes Tuch hat dieselbe Wirkung.

355

Obstmaden

Diese Larven können Sie in Gürteln aus Wellpappe fangen, die um den Stamm des Obstbaums gebunden werden. Wenn sich die Obstmaden darin eingerichtet haben, nehmen Sie die Gürtel ab und vernichten sie.

356

Ratten

Ratten halten sich nie länger dort auf, wo Perlhühner gehalten werden. Ausgelegte Baldrianwurzel vertreibt die Ratten ebenso wie mit Petroleum getränkte Tücher, die in die Rattenlöcher gestopft werden. Verschließen Sie die Löcher anschließend mit Erde.
Bei großer Rattenpopulation sollten Sie besser einen professionellen Schädlingsbekämpfer bestellen, da Ratten gefährliche Krankheiten übertragen können.

357

Wühlmäuse

Legen Sie vor dem Einsetzen Ihrer Pflanzen um die Wurzeln ein Gehäuse aus Kaninchendraht. So sind die Pflanzen einige Jahre vor Wühlmäusen geschützt. Mit der Zeit verrottet der Draht allerdings. Auch ein mit Petroleum getränktes Tuch, das in die Löcher der Wühlmäuse gestopft wird, vertreibt die ungebetenen Gäste.

358

Raupen

In Kohlbeeten, die mit Hanfpflanzen durchsetzt sind, legt der Kohlweißling keine Eier. So ist der Kohl vor Raupenfraß geschützt.

359

Schnecken

Streuen Sie einfach einen Sandring um Ihre Beete, um Schnecken fernzuhalten. Diese Weichtiere bevorzugen glatte und feuchte Untergründe. Oder Sie fangen die Schnecken in einer Bierfalle: Graben Sie einen Becher mit Bier neben dem gefährdeten Beet in den Boden. Die Schnecken fallen hinein und können mühelos entfernt werden.

Tipps
für den Garten
EINFÜHRUNG

Sie gehören zu den glücklichen Menschen, die einen Garten ihr Eigen nennen?
Sie entspannen sich im lichten Schatten eines alten Obstbaumes, laden Freunde
zum Grillen ein oder kochen im Spätsommer die herrlichsten Konfitüren mit
Früchten aus eigener Ernte ein? Beneidenswert.

Leider sieht der Gartenalltag nicht immer so rosig aus. Da wachsen Wildkräuter, wo
sie nicht sollen, Käfer und Larven machen sich über Ihr Gemüse her, die Rosen sind
vom Rosenrost befallen und der Rasen verlangt nach regelmäßigem Schnitt.

Obwohl die Gartenarbeit erdverbunden ist und einen sehr guten Ausgleich nach einem
langen Tag im Büro darstellen kann, sind viele Tätigkeiten nicht nur angenehm. Mit
den folgenden Tipps und Tricks lassen sich zahlreiche Probleme beheben oder
zumindest mildern, manche Dinge gehen Ihnen leichter von den Hand und der
Erfolg mit Blühpflanzen und Gemüse lässt sich optimieren.

Beete
vorbereiten

360

Wenn Sie Ihre Beete »biodynamisch« bearbeiten möchten, so dass die Bodenstruktur und die Vielfalt der darin lebenden Mikroorganismen erhalten bleiben, genügt es, die Erde ein einziges Mal umzugraben. Danach brauchen Sie vor der nächsten Bepflanzung nur die Oberfläche mit einem Spaten oder einer Harke zu bearbeiten – erneutes Umgraben würde die empfindliche Bodenstruktur zerstören.

361

Umgraben in zwei Schichten (Doppelgraben)

Für die Vorbereitung müssen Sie Ihr Beet in zwei Schichten umgraben, besonders bei schwierigen oder nährstoffarmen Böden. Tragen Sie die obere Schicht des Bodens eine Spatenlänge tief ab, und graben Sie die darunter liegende Schicht ebenfalls in der Tiefe eines Spatens um. Mischen Sie dabei Kompost, Torf (bei sandigen Böden) oder groben Sand (bei schweren, lehmigen Böden) unter. Bedecken Sie anschließend die untere Erdschicht wieder mit der oberen, unter die Sie reichlich Kompost gemischt haben. Dieser Vorgang ist nur im ersten Jahr nötig.

362

Feste Erdschicht

Wenn Sie beim Umgraben auf eine harte, undurchdringliche Erdschicht stoßen, lockern Sie sie mit einer Axt auf. Mischen Sie anschließend Sand unter die Erde, bevor Sie sie mit den übrigen Schichten wieder bedecken.

363

Bleiben Sie in Ihrem Garten auf den vorgesehenen Wegen. Beim Betreten würde die Erde verdichtet, was anschließend das Wurzelwachstum beeinträchtigt.

Beschaffenheit des Bodens

364

Hat Ihr Boden die optimale Beschaffenheit? Die Erde sollte feinkrümelig sein. Beim Zusammendrücken sollte sie weder klumpen (zu viel Ton) noch zerbröseln (zu viel Sand).

365

Mischen Sie niemals vor der Bepflanzung hochwirksamen Dünger unter die Erde – weder organischen noch chemischen –, da er die empfindlichen Wurzeln der Sämlinge verbrennen könnte. Das Gleiche gilt auch für Vertiefungen, die Sie für Büsche gegraben haben.

366

Beete im Frühling bearbeiten

Sie sollten im Frühling keine Beete bearbeiten, die noch von winterlichen Niederschlägen durchnässt sind, da sonst ihre empfindliche Bodenstruktur gestört wird. Warten Sie lieber, bis die Erde einigermaßen trocken ist.

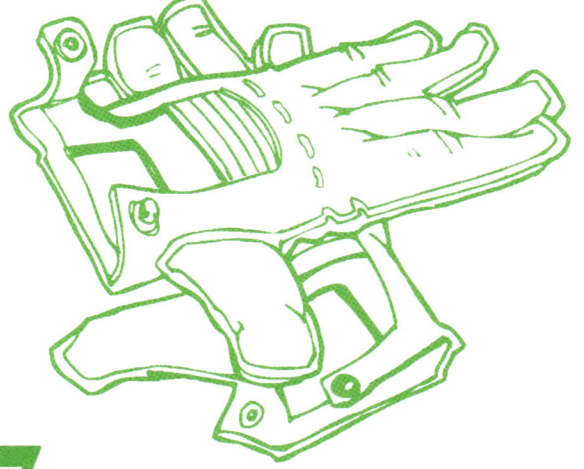

368

Erhöhte Beete

In regnerischen Gebieten empfiehlt es sich, erhöhte Beete anzulegen. Dafür wird die Erde mit ausreichend Mulch und Torf (bei sandigem Boden) oder grobem Sand (bei schwerer Tonerde) ergänzt und 10–12 cm hoch aufgeschaufelt. Legen Sie 25–30 cm breite Pfade zwischen den Hügeln an, indem Sie die obere Erdschicht abtragen.

367

Keimerde

Spezielle, dünn auf das Beet verteilte Keimerde ist bei kleineren Samen sinnvoll. Ihre feine Struktur verhindert, dass die Sämlinge an der Oberfläche absterben, was durch die in normaler Gartenerde enthaltenen Mikroorganismen häufig geschieht.

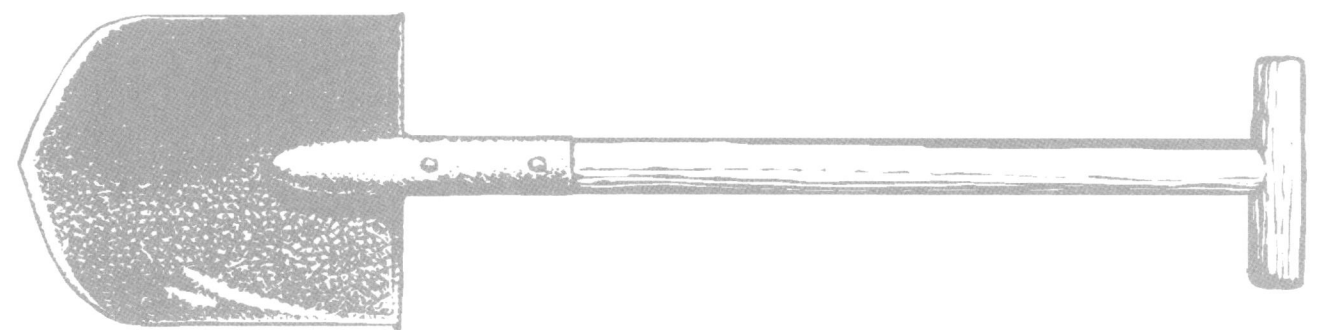

369

Japanisches Hochbeet

Wenn Sie an Arthrose leiden oder aus anderen Gründen eigentlich nicht im Garten arbeiten können, sollten Sie es mit einem japanischen Hochbeet versuchen: Bauen Sie aus Ziegeln oder Holzlatten einen Kasten, in dem Sie in 45–60 cm Höhe ein Beet anlegen. Damit Sie sich nicht unnötig strecken und recken müssen, sollte es nicht breiter als 90–150 cm und von beiden Seiten zugänglich sein.

370

Nie wieder Unkraut

Um Ihre Beete mehr oder weniger unkrautfrei zu halten, sollten Sie noch vor Beginn der Gartensaison die vom Winter gehärtete Erdoberfläche leicht aufrauen und warten, bis das Unkraut zu keimen beginnt. Rupfen Sie dann die kleinen Pflänzchen aus und legen Sie Ihr Beet an. Nach einigen Jahren wird dann kaum noch Unkraut in Ihrem Beet sprießen.

Kompost

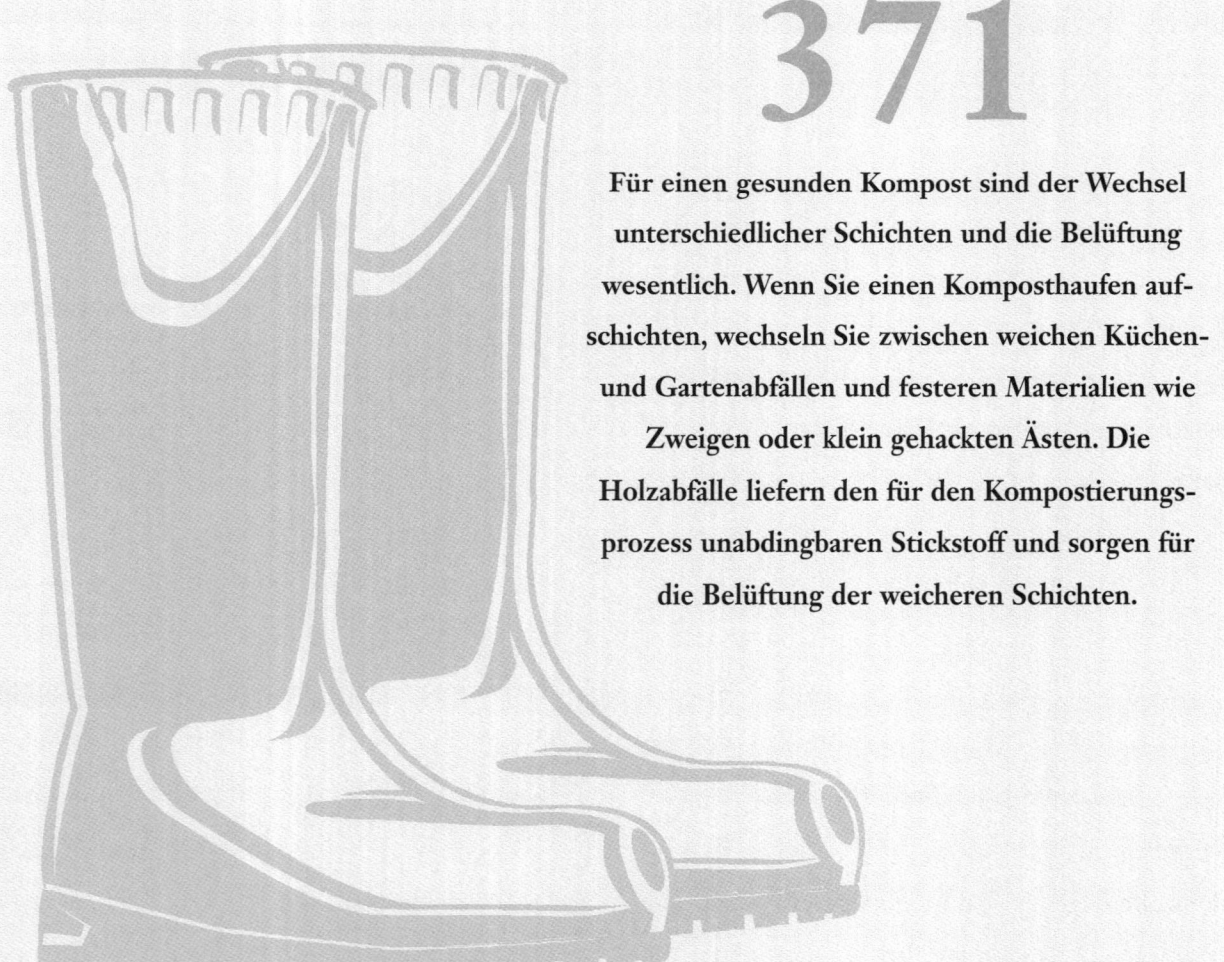

371

Für einen gesunden Kompost sind der Wechsel unterschiedlicher Schichten und die Belüftung wesentlich. Wenn Sie einen Komposthaufen aufschichten, wechseln Sie zwischen weichen Küchen- und Gartenabfällen und festeren Materialien wie Zweigen oder klein gehackten Ästen. Die Holzabfälle liefern den für den Kompostierungsprozess unabdingbaren Stickstoff und sorgen für die Belüftung der weicheren Schichten.

372

Anlegen eines Komposthaufens

Wenn Sie einen Komposthaufen anlegen, beginnen Sie mit mehreren Schichten aus dünnen Zweigen. Damit stellen Sie eine gute Belüftung sicher und schaffen vielleicht sogar ein Winterquartier für Igel.

Wenn Ihnen Ihr Garten zum Kompostieren zu klein erscheint, können Sie dennoch hinter einem Busch oder anderen mehrjährigen Pflanzen einen kleinen Haufen oder einen Thermokomposter für Küchen- und Gartenabfälle anlegen.

373

Kompost ist ein natürlicher Dünger, der dem Boden viele Nährstoffe zuführt. Wenn Sie selbst keine Möglichkeit zum Kompostieren haben, können Sie auch versuchen, bei der Müllabfuhr kompostierte Abfälle zu bekommen.

374

Für erfolgreiches Kompostieren gilt: weder zu nass noch zu trocken. Ihr Kompost hat die richtige Beschaffenheit, wenn er sich leicht feucht anfühlt, sich aber keine Feuchtigkeit ausdrücken lässt.

375

Überlegen Sie sich gut, wo in Ihrem Garten Sie einen Komposthaufen anlegen. Sowohl starke Sonneneinstrahlung als auch zu viel Schatten beeinträchtigen die Kompostierung.

376

Gleichmäßige Feuchtigkeit

Um Ihren Komposthaufen gleichmäßig feucht zu halten, muss er regelmäßig mit Wasser besprenkelt werden. Bei heftigen Regenfällen sollten Sie ihn mit einer Plastikplane abdecken und diese mit Steinen beschweren, damit er nicht völlig durchnässt.

377

Warm oder heiß

Die im Kompost tätigen Mikroorganismen erzeugen Wärme. Messen Sie die Temperatur Ihres Komposthaufens in der Mitte, um zu sehen, ob er heiß (70°C) oder nur warm (30°C) ist. Ist er heiß, wird die Kompostierung in wenigen Monaten abgeschlossen sein, wenn er nur warm ist, benötigt er dagegen noch ein bis drei Jahre.

378

Kalter Haufen

Wenn in einem Komposthaufen nichts passiert oder er sogar nach faulen Eiern riecht, sollten Sie seine Temperatur überprüfen. In einem kalten Haufen findet keine Zersetzung statt. In diesem Fall sollten Sie ihn an anderer Stelle neu aufschichten, um den Prozess wieder in Gang zu bringen.

380

Gemähtes Gras

Es ist besser, wenn gemähtes Gras erst einige Tage trocknen kann, bevor man es auf den Komposthaufen gibt. Andernfalls kann es eine luft- und wasserdichte Schicht bilden, die jegliche Luftzirkulation verhindert.

379

Kranke Pflanzen

Geben Sie nie kranke Pflanzen auf einen Komposthaufen, der noch nicht richtig heiß ist, denn dann werden die Krankheitserreger nicht zerstört und können Ihren Garten später erneut infizieren.

381

Für heiße, schnell arbeitende Komposthaufen sollte man größere Stücke nur zugeben, nachdem sie in etwa gleich große Teile zerlegt wurden.

382

Kompostierhilfen

Im Handel sind unterschiedliche Kompostierhilfen erhältlich. Einige Gartencenter verkaufen Flocken, mit deren Hilfe sich die Kompostierzeit halbieren lässt. In dichte Komposthaufen kann man zur Verbesserung der Belüftung Stäbe stecken, die beim Herausziehen Hohlräume hinterlassen.

383 Belüftung

Ein Komposthaufen sollte regelmäßig belüftet werden, am besten einmal wöchentlich. Ohne Sauerstoff ersticken die für die Zersetzung notwendigen Mikroorganismen.

384

Geben Sie nicht zu viele Eichenblätter auf Ihren Komposthaufen! Der hohe Gerbsäuregehalt beeinträchtigt die Kompostierung.

385

Wenn Sie Platz für mehrere Komposthaufen im Garten haben, sollten Sie einen »jungen« Haufen für frische Zutaten anlegen, einen »arbeitenden«, der gelegentlich gewendet werden muss, und einen »reifen«, der jederzeit verarbeitet werden kann.

386 Behandelte Schalen

Mit Pestiziden behandelte Schalen von Zitrusfrüchten oder Bananen gehören nicht auf den Kompost. Pestizide verhindern oder beeinträchtigen die Vermehrung notwendiger Mikroben im Haufen.

387

Fleisch, Käse und gekochtes Gemüse

Fleisch- und Käseprodukte locken Mäuse und anderes Ungeziefer an und gehören daher nicht auf den Kompost. Auch gekochtes Gemüse sollten Sie nur in geringen Mengen zugeben.

388

Schimmelallergien

Leiden Sie an Schimmelallergien? Dann schützen Sie sich mit einem leichten Schal oder noch besser mit einer kleinen Gesichtsmaske, wenn Sie den Komposthaufen wenden. Es empfiehlt sich, auch das Haar zu bedecken, da es sonst unliebsamen Mikroorganismen eine Bleibe bietet.

389

Dung

Wenn Sie die Möglichkeit haben, sich Pferde-, Kuh- und Hühnerdung zu beschaffen, geben Sie regelmäßig eine Schicht davon auf Ihren Komposthaufen. Vermeiden Sie unbedingt Katzen- oder Hundekot, da sonst die Tiere aus der Nachbarschaft Ihrem Haufen einen Besuch abstatten.

390

Befeuchten Sie Samenkörner vor der Aussaat mit etwas Wasser, damit sie schneller keimen. Wenn Sie Grassamen vor der Aussaat mit etwas Kerosin besprenkeln, fallen sie nicht den Vögeln zum Opfer.

392

Dunkelkeimer

Kleine Samenkörner, die im Dunkeln keimen, werden in die feuchte Erde gedrückt und dann mit einem unbehandelten Holzbrett bedeckt. Sobald sie auskeimen, wird das Brett entfernt. Die empfindlichen Sprossen nicht gießen, sondern nur mit Wasser besprühen.

Aussaat

391

Mohnsamen

Kennen Sie das Problem, dass Mohnsamen nicht angehen wollen? Dann probieren Sie einmal, sie im späten Winter nach einem leichten Schneefall direkt auf die Schneedecke zu streuen – Kälte und Feuchtigkeit wirken bei Mohn manchmal Wunder. Die Sämlinge können an ihren endgültigen Platz gesetzt werden, wenn sie etwa 2 cm hoch sind.

393

Lichtkeimer

Kleine Samenkörner, die Licht zum Keimen brauchen, werden auf das Beet gestreut und mit Glas oder einer Plane abgedeckt. Mit waagerecht liegenden Streichhölzern kann man dafür sorgen, dass etwas Platz zwischen Erde und Glas oder Plane bleibt und diese die Samenkörner nicht berührt.

394

Samen mit harter Schale

Samen mit harter Schale, wie sie z. B. Winden haben, müssen oft tagelang eingeweicht werden, bis sie auskeimen. Sie können diesen Prozess beschleunigen, wenn Sie an dem Ende, das dem Keim gegenüberliegt, etwas von der Schale entfernen. Legen Sie die Samen dann 2–3 Tage in Wasser und setzen Sie sie anschließend etwa 1 cm tief in die Erde. Winden werden ungern umgesetzt.

395

Bohnen

Einige Samen, insbesondere Bohnen, mögen keine kalte und nasse Erde. Bohnen sollten also erst gesät werden, wenn es sicher nicht mehr friert und die Temperatur nicht mehr unter 13 °C fällt – andernfalls verfaulen die Keime.

396

Kleine Samenkörner lassen sich bei der Aussaat gleichmäßiger verteilen, wenn sie mit etwas Sand gemischt werden.

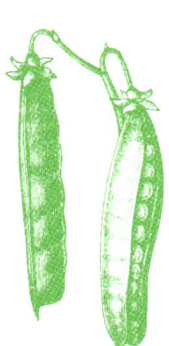

397

Spinat

Wo die Winter milde sind, kann Spinat bereits im Spätherbst ausgesät werden, wenn es noch warm ist. Entfernen Sie zum Frühlingsanfang den Schnee von den Sämlingen, damit sie genügend Licht bekommen. Wenn die Temperatur noch unter –3 °C abfällt, sollten sie mit einer Plastikplane bedeckt werden.

398

Einige Samen wie z. B. Eisenhutsamen keimen nicht ohne Frost. Wenn Sie dem Winter nicht trauen, können Sie das Geschehen auch in den Gefrierschrank verlegen. Die Samen werden in eine Plastikfolie gewickelt und bleiben 2–3 Wochen im Gefrierschrank. Anschließend im Garten oder in Töpfen aussäen.

Sämlinge

399

Beim Umpflanzen von Sämlingen ist es wichtig, sie weder zu hoch noch zu tief einzusetzen. Bei zu hoch eingesetzten Sämlingen liegt zu viel vom Stängel oder sogar ein Teil der Wurzeln frei, was die Pflanze schwächt. Sitzen die Sämlinge zu tief in der Erde, verfault oft der Stängel. Bei gesunden Sämlingen sollte die untere Blattreihe knapp über dem Boden stehen.

400

Keimen in feuchter Wärme

Die meisten Pflanzensamen benötigen viel Wärme und Feuchtigkeit zum Keimen. Sobald sie allerdings zu sprießen anfangen, brauchen sie eine kühlere Umgebung und viel Licht.

401

Gewächshaus auf Rädern

Ein billiger Spielzeugwagen aus Plastik kann zu einem Gewächshaus auf Rädern werden. Bedecken Sie den Boden mit Erde, geben Sie die Samen hinein und bedecken Sie alles mit Glas oder Plastikfolie (Dunkelkeimer vorher mit einem Brett bedecken). Wenn die ersten Sämlinge erscheinen, können Sie den Wagen je nach Temperatur an einen Ort mit viel oder wenig Sonne bewegen und letztendlich an die Stelle des Gartens, wo sie eingesetzt werden sollen.

402

Behutsames Umsetzen

Genau wie Menschen mögen Pflanzen keine größeren Veränderungen. Sie sollten nie zu schnell von einem warmen, windstillen Ort oder aus dem Gewächshaus an eine kalte, windige Stelle umgesetzt werden, ohne sich langsam eingewöhnen zu können. Öffnen Sie lieber schon einige Tage vorher tagsüber das Gewächshaus oder stellen Sie die Sämlinge vor dem Umsetzen jeden Tag ein paar Stunden nach draußen.

403

Sämlinge umsetzen

Die empfindlichen Wurzeln junger Sämlinge sollten beim Umsetzen so wenig wie möglich beschädigt werden. Lösen Sie die Sämlinge vorsichtig mit einer Gabel heraus und achten Sie darauf, dass der Wurzelballen nicht beschädigt wird. Nach dem Umsetzen die Erde leicht festdrücken, um den Wurzeln Halt zu geben.

404

Gartengeräte

Bemalen Sie die Griffe Ihrer Gartengeräte mit leuchtenden wasserfesten Farben. So finden Sie sie leichter wieder, und Ihre Nachbarn vergessen nicht, geliehenes Werkzeug zurückzugeben.

Düngen & Mulchen

405

Ein guter Boden braucht auch in der Wachstumsphase keinen zusätzlichen Dünger. Man benötigt allerdings mehrere Jahre, bis die Erde mit Hilfe von Kompost und sich langsam zersetzendem natürlichem Dünger (z. B. mit gut verrottetem Dung oder Mist) dieses Stadium erreicht.

406
Zusätzlicher Dünger im Sommer

Aufgrund des hohen Stickstoffbedarfs einiger Gemüsesorten wie Rhabarber, Rüben, Kartoffeln, Lauch, Rosenkohl und Sellerie sowie viele Blattgemüse (orien-talische Blattkohlgemüse), ist es manchmal erforderlich, im Sommer stickstoff-reichen Dünger einzusetzen.

407
Schonender Dünger

Wenn es nötig sein sollte, in der Wachstumsphase zu düngen, verwenden Sie zum Schutz der feinen Wurzelhärchen schnell wachsender Pflanzen Fisch-, Blut- oder Knochenmehl.

408

Nährstoffe

Zwei der wichtigsten Pflanzennährstoffe, nämlich Kalium und Phosphor, sind sowohl in Kompost als auch in Tierdung enthalten. Sie werden im Boden nur langsam abgebaut. Stickstoff dagegen wird sehr schnell abgebaut und muss eventuell im Sommer durch chemische Düngemittel erneuert werden, wenn die Pflanzen Mängel aufweisen.

409

Üppiges Blattwachstum

Vermeiden Sie bei Gurken, Tomaten, Spargel, Erbsen, Bohnen, Radieschen, Möhren, Zwiebeln und Knoblauch stark stickstoffhaltigen Dünger, der vor allem das Blattwachstum fördert. Die Ernte wird sonst entsprechend geringer ausfallen.

410

Gründüngung

Die Qualität von Gartenerde kann auch ohne Kompost verbessert werden, indem Sie bestimmte Pflanzen wachsen lassen, die den Boden mit Nährstoffen versorgen. Alle 3–4 Jahre sollten Sie in Ihren Gemüsebeeten Senfsaat, Klee oder Lupinen säen. Im Spätsommer werden die Pflanzen einfach untergegraben.

411

Mulchen

Eine 12–15 cm hohe Mulchschicht hält den Boden feucht und fördert die Vermehrung von Regenwürmern, die die Erde auflockern und damit das Wurzelwachstum unterstützen. Gleichzeitig verhindert Mulch, dass viel Unkraut wächst – auf jeden Fall lässt es sich auf einer Mulchschicht leichter auszupfen.

412

Mulch beiseite schieben

Nach heftigen Regenfällen sollte die Mulchschicht etwas von den Pflanzen entfernt werden. So kann die Erde schneller trocknen und man entgeht der Gefahr, dass die Pflanzen faulen. Wenn Sie den Mulch im Frühling gelegentlich beiseite schieben, erwärmt sich die Erde schneller.

414

Rindenmulch

Baumrinde eignet sich hervorragend als Mulch, da unliebsame Pflanzen – anders als in Kompost – nicht so leicht darin wachsen können. Die Rinde von edlen Harthölzern ist haltbarer als Mulch z. B. von Fichten oder Tannen, der jedes Jahr ersetzt werden muss.

413

Fäule vermeiden

Bei Pflanzen, deren Stängel leicht faulen, empfiehlt es sich, eine dünne Kiesschicht direkt um die Stängel auszubringen. Damit kann die Luft noch zirkulieren, und der Stängel ist vor zu viel Feuchtigkeit geschützt.

415

Anorganischer Mulch

Mulch aus Papier, perforiertem Plastik oder fleeceartigem Material hat den entscheidenden Nachteil, dass er Schnecken anzieht und – noch schlimmer – verhindert, dass Regenwürmer bei starken Regenfällen an die Oberfläche kommen können.

416

Bei Nässe

Bei nassem Wetter kann wenig oder gar kein Mulch angebracht sein. Wenn man ihn abträgt, kann die Erde schneller trocknen. Auch etwas Kies, der um die Pflanzen herum gestreut wird, sorgt für eine effektive Entwässerung.

417

Gartenabfälle schreddern

Wenn Sie einen großen Garten haben oder in der Nähe eines Waldes wohnen, lohnt sich vielleicht die Anschaffung eines Schredders, der Äste und andere größere Gartenabfälle zerkleinert, die dann als Mulch oder zum Kompostieren verwendet werden können. Eventuell lassen sich ja Ihre Nachbarn dazu überreden, diese Investition gemeinsam zu tätigen.

418

Kartoffeln anbauen

Hier ein Tipp für den Anbau von Kartoffeln: Legen Sie die Kartoffeln auf die vorbereitete Erde und bedecken Sie sie mit einer 12–15 cm dicken Mulchschicht. Sobald sie auskeimen, legen Sie regelmäßig weitere Schichten Mulch um die Sprossen herum. Achten Sie darauf, dass die jungen Kartoffeln stets gut bedeckt sind. Durch zu viel Licht bildet sich Chlorophyll, und die Knollen färben sich grün.

Wässern

419

Bei heißem, trockenem Wetter ist es am besten, abends zu gießen. Auf diese Weise hält sich die Feuchtigkeit bis zum nächsten Morgen in der Erde, so dass sich die Pflanzen erholen können.

420

Einmal in der Woche ausgiebig gießen

Es ist besser, den Garten einmal in der Woche ausgiebig zu gießen als jeden Tag nur ein bisschen. Die Pflanzen sind so gezwungen, ihre Wurzeln tief in die Erde zu strecken und verkraften folglich Trockenperioden besser. Aber lassen Sie Ihre Pflanzen bei heißem Wetter nicht Mangel leiden.

421

Unkraut

Unkraut macht Blumen und Gemüse die Nährstoffe im Boden streitig und kann Krankheiten übertragen. Wenn die Sämlinge noch sehr klein sind oder gerade umgesetzt wurden, ist es ziemlich heikel, Unkraut zu beseitigen. Aber hoffen Sie auf später: Wenn die Pflanzen erwachsen sind, werfen sie so viel Schatten, dass kaum noch Unkraut nachwächst.

422

Wurzeln gezielt bewässern

Richten Sie beim Gießen den Wasserstrahl möglichst direkt auf die Wurzeln. Wenn Sie dagegen eine größere Fläche um die Pflanze herum mit Wasser versorgen, bilden sich die Wurzeln ent-sprechend breitflächig aus, statt in die Tiefe zu wachsen. Das Gleiche gilt beim Düngen: Je großflächiger Dünger verteilt wird, desto mehr versickert davon in der Erde und desto weniger nutzt er der einzelnen Pflanze.

423

Regelmäßige Pflege ist der sicherste Weg, um sich an einem gesunden Rasen zu freuen: Er muss regelmäßig mehr gegossen und gedüngt werden und sollte nicht länger als 4–8 cm hoch wachsen, damit nicht zu viel Unkraut wächst. Chemische Unkrautvernichtungsmittel sollten Sie meiden, da sie Regenwürmer und nützliche Mikroorganismen zerstören, die den Rasen langfristig gesund halten.

424

In gewissem Umfang ist es sogar gut für Rasen, wenn man darüber läuft, denn auf diese Weise unterstützt man Wachstum und Dichte.

425

Schlecht entwässerte Böden

Moos ist ein Anzeichen für einen basischen Boden mit schlechter Entwässerung. Eine Behandlung mit Kalk kann den pH-Wert wieder ins Gleichgewicht bringen, aber seien Sie vorsichtig, dass er nicht in die Nähe säureliebender Pflanzen wie Rhododendren oder Azaleen gerät. Am besten verwenden Sie Kalksteingranulat (standardisierte Topferde enthält bereits gemahlenen Kalkstein). Er zerfällt zwar langsamer als die pulverisierte Variante, aber Sie vermeiden damit das Risiko, dass Wurzeln »verbrannt« werden. Außerdem verbessert das Granulat die Struktur dichter, schlecht entwässerter Böden.

426

Eine Blumenwiese

Harken Sie Samen einjähriger und mehrjähriger Blumen unter die Grassamen (oft sind fertige Wiesenblumen-Mischungen im Handel erhältlich). Nach der Aussaat gut gießen! Einige Blumen, z.B. Primeln, benötigen Frost um zu keimen – säen Sie also im Frühling und im Herbst.

427

Sprengen

Rasen sollte bei heißem Wetter abends bis zu einer Tiefe von 10 cm bewässert werden. Um das Tiefenwachstum der Wurzeln zu fördern, ist es besser, weniger oft, dann aber reichlich zu bewässern.

428

Mähen

Mähen Sie Rasen nie zu kurz, vor allem nicht bei trockener Witterung. Besonders bei einem blumenreichen Rasen sollte man im Frühling warten, bis die erste Blüte der Wiesenblumen vorbei ist.

429

Was ist Unkraut?

Unkraut ist Definitionssache. Löwenzahn z.B. setzt nicht nur farbige Akzente, sondern seine tief reichenden Wurzeln verbessern auch die Bodenstruktur. Sie durchdringen auch feste Erdschichten und sind daher der Entwässerung förderlich.

430

Rasen in schattigen Bereichen

Für schattige Flächen gibt es spezielle Grassaaten, die Sie auch in schon vorhandenen Rasen einsäen können. Mähen Sie Rasen im Schatten nicht so oft.

431

Filz

Auf schlecht belüftetem Rasen kann sich eine Schicht aus zerfallenden Grashalmen, Rhizomen und Ausläufern bilden. Eine bis zu 1 cm dicke Filzschicht ist von Vorteil, da sie die Verdunstung reduziert und bei Beanspruchung schützt. Wird die Schicht jedoch zu dick, nimmt sie dem Rasen Nährstoffe und verhindert, dass Wasser in den Boden gelangt. Filz kann durch eine Überversorgung mit Nährstoffen und Wasser entstehen.

433

Richtiges Mähen

Mähen Sie nur trockenen Rasen, damit Sie die Pflanzen nicht herausreißen. Ein mechanischer Mäher mäht am gleichmäßigsten, aber ein Motor-Mäher schneidet präziser. Wenn das gemähte Gras nicht zu lang ist, kann es als »Instant-Kompost« liegen bleiben.

432

Alternativen zu Rasen

Kleinere, wenig genutzte Bereiche können mit einer kriechenden Art Kamille bewachsen werden. Dieser hübsche, duftende »Rasen« kann mit Hilfe einer Gartenschere oder eines Handmähers kurz gehalten werden.

434

Herbstlaub

Harken Sie im Herbst gefallenes Laub zusammen und tun Sie es auf den Komposthaufen. Laub, das auf dem Rasen liegen bleibt, nimmt den Halmen Licht weg und kann braune Flecken verursachen. Durch die Laubschicht kann keine Feuchtigkeit mehr abziehen, was zu Krankheiten führen kann.

435
Ränder

Um die Rasenfläche mit einem akkuraten Rand abzuschließen, legen Sie ein Brett auf den Rasen und stechen mit einem Spaten daran entlang. Für einen geschwungenen Rand können Sie die Linie eines Gartenschlauchs mit einem Spaten oder Kantenschneider nachziehen.

436
Vogelmiere

Auch Vogelmiere im Rasen gilt fälschlicherweise als Unkraut. Sie ist für Spatzen und andere Samenkörner fressende Vögel ein Leckerbissen. Wenn Sie einen Papagei haben, geben Sie ihm gelegentlich eine Hand voll nasser, unbehandelter Blätter auf den Käfigboden.

437
Mähen

In der Wachstumsphase sollte Rasen einmal pro Woche gemäht werden, aber nicht zu kurz, damit die Erde nicht austrocknet und das Gras nicht verbrennt. Im Sommer kann das Gras ruhig etwas höher wachsen.

438
Gemähtes Gras

Bei trockenem Wetter kann das gemähte Gras ruhig auf dem Rasen liegen bleiben, da es den Boden mit Nährstoffen versorgt. Bei Regen sollte es jedoch abgeharkt werden, damit es nicht fault.

Bäume/Obstbäume

440

Gras unter Bäumen

Unter Bäumen sollte Gras sehr kurz geschnitten werden. Wenn es zu üppig wächst, macht es dem Baum Wasser und Nährstoffe streitig.

439

Größere Bäume mit gut entwickeltem Wurzelsystem sollten großflächig mit Wasser und Dünger versorgt werden, so dass alle Wurzeln davon profitieren. Als Grundregel gilt, dass die Wurzeln unter der Erde noch über die ausladendsten Äste hinausgehen.

441

Am effektivsten schützen Sie Ihre Obsternte vor Vögeln, indem Sie ein blaues Netz über den Baum spannen. Die Maschen müssen so klein sein, dass sich die Vögel nicht darin verfangen können.

442

Beim Umsetzen von Obstbäumen sollte sich die Pfropfstelle 5 cm über dem Boden befinden, da der Wurzelstock sonst unerwünschte Triebe bildet.

445

Obstbäume brauchen in der Blütezeit ständig Feuchtigkeit, da sie sonst viele Blüten und damit auch einen Teil des Ertrags verlieren.

443

Schutz gegen Schädlinge

Nehmen Sie sich im Spätsommer oder Frühherbst Zeit, um breite Streifen Wellpappe locker um den Stamm Ihrer Obstbäume zu binden. Nach einer Woche wird die Pappe vorsichtig entfernt und verbrannt. Auf diese Weise können Sie viele Schädlinge beseitigen, die in der Baumrinde überwintern.

444

Frühjahrsschnitt

Entfernen Sie im Frühling schadhaftes und morsches Holz von Ihren Obstbäumen. So erhalten Sie eine gesunde Ernte und verhindern, dass sich Schädlinge, die von alten oder morschen Ästen profitieren würden, einnisten.

446

Bevor die Knospen aufbrechen, besprühen Sie Ihre Obstbäume leicht mit Mineralölspray. So werden Blattläuse und andere Schädlinge erstickt.

447

Gießen im Sommer

Versorgen Sie im Sommer, sobald Äpfel und Birnen reifen, die Wurzeln der Bäume mit reichlich Wasser.

448

Nasse Füße

Kein Obstbaum mag nasse Füße: Die Bäume sollten nur in gut entwässertem Boden stehen, besonders Kirsch- und Pflaumenbäume.

449

Pfirsich- und Aprikosenbäume

Pfirsich- und Aprikosenbäume brauchen Wärme. In kühleren Regionen gedeihen sie gut an der Südseite eines Hauses.

450

Apfelbäume

Apfelbäume sind pflegeleicht, stehen aber nicht gerne im Wind. Stetiger Wind beeinträchtigt ihr Wachstum.

451

Vogelnetze

Es lohnt sich, Vogelnetze über Ihre Kirschbäume und Beerensträucher zu hängen. Sonst kann es passieren, dass Sie innerhalb von 1–2 Tagen die gesamte Ernte verlieren.

452

Vorzeitige Ernte

Wenn die Früchte auf Ihren Kirsch- und Birnbäumen so gut wie reif sind und heftige Regenfälle drohen, sollten Sie sie ruhig schon ernten. Regen kurz vor der Ernte schadet den Früchten und sie verlieren ihren Geschmack.

453

Vögel fern halten

In größeren Gärten können Vögel von den wertvollen Kirschen und Pflaumen durch rings um den Obstgarten gepflanzte Traubenkirschen, Hartriegel, Ebereschen oder andere saure Beerenbäume oder -sträucher fern gehalten werden: Vögel ziehen nämlich saure Beeren den süßen vor.

454

Eine Reihe dicht gepflanzter Knoblauchknollen um einen Pfirsichstamm hilft, den Pfirsichbohrer fern zu halten.

456

Birnbäume

Im Gegensatz zu Apfelbäumen haben Birnbäume eine lange Pfahlwurzel. Wenn Birnbäume umgesetzt werden, sollte die Wurzel schräg abgeschnitten und dabei um ein Drittel gekürzt werden. Auf diese Weise wird das Wurzelwachstum angeregt.

457

Schattenspender

Walnuss- oder Kastanienbäume produzieren nicht nur Früchte, sondern spenden auch viel Schatten. Trotz des starken Stamms stehen sie lieber geschützt.

455

Haselnusshecken

Haselnuss-Sträucher eignen sich gut als Hecke. Wenn Sie diese Sträucher in der Nähe Ihres Obstgartens pflanzen, können Sie davon ausgehen, dass sich dort genügend Bienen aufhalten, um die Obstbäume zu bestäuben.

458

Kirschbäume

Zu Großelterns Zeiten brauchten Süßkirschbäume zur Bestäubung weitere Kirschbäume in der Nähe. Viele der neuen Sorten sind heute selbstbestäubend – ein großer Vorteil besonders für kleinere Gärten.

Beete & Rabatten
ZWIEBELPFLANZEN

459

Rasen

Ihr Rasen bekommt einen sehr natürlichen Charakter, wenn Sie an einer beliebigen Stelle beginnen, Blumenzwiebeln einzusetzen. Gehen Sie einige Schritte weiter und wiederholen Sie den Vorgang. Sogar unter Laubbäumen können Sie Zwiebeln einsetzen, wenn genügend Licht vorhanden ist.

460

Frühlingsblüte

Für die erste Blüte im Frühling sollten Sie einige Blumenzwiebeln schon vor dem ersten Herbstfrost einsetzen.

461

Überwintern

Graben Sie die Zwiebeln von im Sommer blühenden Pflanzen aus, sobald die letzten Blätter abgestorben sind. Wickeln Sie sie in Nylonstrümpfe und hängen Sie sie an einem kühlen, dunklen und luftigen Ort auf. Auf diese Weise können sie nicht verfaulen.

462

Blumenzwiebeln düngen

Obwohl Blumenzwiebeln bereits alles enthalten, was sie zum Wachsen brauchen, ist etwas Knochenmehl gut für die Wurzeln. Mischen Sie einen Löffel Knochenmehl (die genaue Menge hängt von der Größe der Zwiebel ab) unter die Erde, bevor Sie die Zwiebel einsetzen.

463

Leere Stellen

Freie Stellen zwischen Ihren Frühlingsblumen zeigen, dass es Zeit ist, die Herbstpflanzung vorzubereiten. Markieren Sie diese Stellen, indem Sie hölzerne Wäscheklammern mit rundem Kopf in die Erde stecken, und notieren Sie eventuell noch mit einem wasserfesten Stift Art, Größe und Farbe der zu ersetzenden Pflanze.

464

Blumenzwiebeln einsetzen

Es ist immer besser, Blumenzwiebeln eher flach als zu tief einzusetzen, da zu früh erscheinende Pflänzchen notfalls noch einmal mit Erde bedeckt werden können. Zu tief sitzende Zwiebeln sind meist zu schwach, um zu blühen – wenn sie die Oberfläche überhaupt erreichen.

465

Frühe Blüte

Man kann Blumenzwiebeln dazu bringen, etwas früher als üblich zu blühen, indem man sie in einen Topf mit sandigem Boden setzt, dem ein Teelöffel Knochenmehl zugegeben wurde. Anschließend angießen und kühl lagern. Gegen Ende des Winters oder zu Beginn des Frühlings sollte der Topf in einen kühlen, hellen Raum gebracht werden.

466

Maulwürfe

Im Handel sind Geräte erhältlich, die Maulwürfe durch Klopfen oder durch akustische Signale daran hindern, Ihren Garten umzugraben und sämtliche Blumenzwiebeln aufzufressen. Regenwürmer und andere Tiere lassen sich durch derartige Geräte nicht stören, für Maulwürfe aber ist es so, als sei eine Rockband über ihnen eingezogen. Sie werden nicht daran denken, sich in Ihrem Garten niederzulassen.

467

Frühlingspracht

Nach dem Zufallsprinzip im Herbst gesetzte Zwiebeln von Schneeglöckchen, Krokussen, Hyazinthen, Narzissen und Tulpen ergeben eine tolle Frühlingspracht. Bis auf die farbenprächtigen Tulpen blühen die anderen Blumen in den folgenden Jahren immer wieder. Mähen Sie den Rasen im Frühling erst nach der Blüte, wenn die Blätter schon absterben.

468

Gesundes Wachstum fördern

Bereiten Sie gesunde Blumenzwiebeln auf die nächste Saison vor, indem Sie die Blüte entfernen, sobald sie welk wird. So kann sie keine Samen produzieren, und die gesamte Energie der Pflanze richtet sich auf das Zwiebelwachstum. Welke Blätter sollten dagegen an der Pflanze bleiben, so lange sie noch Licht aufnehmen und damit notwendige Stoffwechselprozesse in Gang bringen. Binden Sie große Blätter zusammen, damit sie nicht abknicken. Wenn die Blätter zum überwiegenden Teil braun geworden sind, schneiden Sie sie nahe am Boden ab.

469

Kleine Zwiebeln einsetzen

Um schnell viele kleine Blumenzwiebeln auf einer Rasenfläche einzusetzen (Krokusse, Schneeglöckchen, etc.), können Sie einfach die Zinken einer Forke in die Erde drücken. Um die Löcher zu vergrößern, den Griff der Forke leicht drehen. Anschließend werden die Zwiebeln mit etwas Knochenmehl in die Löcher gesetzt und diese mit Erde aufgefüllt. Die Grasnarbe wieder leicht andrücken.

470

Krokusse im Herbst

Für Farbenpracht auf dem herbstlichen Rasen oder im Beet sorgen spezielle Herbstkrokusse, die im Juli eingesetzt werden.

471

Iris

Nutzen Sie Teichränder oder sumpfige Stellen in Ihrem Garten, um Iris mit Rhizomen (nicht die Zwiebelvariante!) oder Aronstabgewächse zu pflanzen. Die unterschiedlichen Farben und Größen (15 cm bis zu 1 m) machen Ihren Garten interessant und abwechslungsreich.

472

Anemonen

Anemonenzwiebeln können sowohl im Herbst als auch ganz früh im Frühling eingesetzt werden, damit sie im Sommer blühen.

473

Anemonen sind sehr pflegeleicht und erreichen eine Höhe von 20–25 cm. Ein altes Sprichwort behauptet, dass die Hügel im Himmel mit Anemonen bewachsen sind.

474

Gladiolen

Sowohl die Zwiebeln der weißen, sternförmigen abessinischen Gladiole als auch die »altmodischen« Gladiolensorten sollten in der Mitte des Frühjahrs ausgepflanzt werden. Nach der Blüte sollten die Stängel auf eine Höhe von 8–10 cm eingekürzt und die Zwiebeln bis zum nächsten Jahr an einem kühlen, trockenen Ort aufbewahrt werden.

Beete & Rabatten
SCHATTENPFLANZEN

Beete anlegen

Die meisten Blumen brauchen Sonne, daher sollten Sie keine Beete an der Nordseite von Gebäuden oder im Schatten anderer Pflanzen anlegen.

476

Stiefmütterchen

Stiefmütterchen können im Spätsommer gesät werden, damit sie im darauf folgenden Frühling blühen. Wenn Sie erst im Frühling pflanzen möchten, sollten Sie dies tun, sobald die Erde bearbeitet werden kann.

477

Damit Stiefmütterchen im Sommer blühen, müssen sie im Frühling gesät werden. Stiefmütterchen vertragen keine Hitze, daher sollten sie an kühlen, schattigen Orten gesät werden.

478

Es empfiehlt sich, die Blüten von Stiefmütterchen schon abzuzupfen, kurz bevor sie anfangen zu welken. Auf diese Weise fördern Sie neues Wachstum. Sorgen Sie dafür, dass die Erde im Frühling, wenn die Sonne länger scheint, immer feucht ist. Die essbaren Blüten eignen sich als Dekoration für einen Salatteller.

479

Blüten entfernen

Wenn Sie braun gewordene Fliederblüten abschneiden, wird der Busch im kommenden Jahr noch besser blühen. Das Gleiche gilt für Rhododendren, deren verblühte Blüten von Hand entfernt werden.

480

Mehrjährige

Viele Mehrjährige vertragen gut Schatten oder gedeihen dort sogar besser. Dazu gehören z.B. Blauer Eisenhut, Rittersporn, Akelei, Nieswurz, Astilbe und Fingerhut.

481

Azaleen

In einem schattigen Beet mit saurem Boden gedeihen am besten Azaleen. Aber halten Sie sie von Christrosen fern, die alkalischen Boden brauchen!

482

Rhododendron

Mitglieder der Familie der Rhododendren (also auch Azaleen) bevorzugen Teilschatten. Ihr glänzend grünes Laub behält seine kräftige Farbe, wenn sie an einen hellen Standort ohne volle Sonne gesetzt werden.

483

Überwintern

Wenn Rhododendren und Azaleen im Winter absterben, liegt das nicht an der Kälte, sondern daran, dass ihre Wurzeln ausgetrocknet sind. Bei Frost können die Wurzeln sich nicht mit der nötigen Feuchtigkeit versorgen. Damit Rhododendren und Azaleen den Winter überstehen, müssen sie gut gegossen werden, bevor der Boden friert. Verteilen Sie zusätzlich etwas Mulch unter den Pflanzen und um sie herum, damit sich die Feuchtigkeit hält.

484

Efeu

Kaffeesatz ist ein ausgezeichneter
Dünger für Efeu.

485

Immergrün

Als immergrüner Bodendecker, besonders an schattigen Stellen, eignet
sich Immergrün (10–12 cm). Vinca ist eine gute Alternative zu Gras. Im
späten Frühling ist der »Rasen« mit blasslilafarbenen Blüten durchsetzt.

486

Astilbe

Die tiefroten bis weißen Wedel der mehrjährigen Astilbe sehen bei Sonnenlicht
prachtvoll aus, wirken in einer schattigen
Ecke jedoch geradezu gespenstisch.
Wenn Sie in Ihrem Garten mit Farben
spielen, sollten Sie bei Astilben
unbedingt den Hintergrund berücksichtigen.

487

Vergissmeinnicht

Für feuchte, schattige Orte eignen sich
Vergissmeinnicht. Wenn die Bedingun-
gen gut sind, vermehren sich die
Pflanzen im Laufe der Jahre von allein.

488

Christrose

Christrosen bevorzugen alkalischen
Boden und Schatten.

489

Tränendes Herz

Diese mehrjährige Pflanze wird meist im Schatten platziert,
wo sie eine Höhe von etwa 45–60 cm erreicht. In guter Erde und mit
viel Sonnenlicht kann sie sogar bis zu 90 cm hoch werden!
Daher sollte man immer gut überlegen, an welche Stelle
im Garten der Busch passt.

490

Vermehrung

Es ist sehr schwierig, Tränende Herzen über
Samen zu ziehen. Einfacher ist es, sich im
Gartencenter ein gesundes Exemplar aus-
zusuchen und ihm mehrere Jahre Zeit zu geben,
im Garten heimisch zu werden. Wenn es gut
verwurzelt ist, vermehren Sie es durch
Stecklinge, die Sie in einer Mischung aus Torf
und Blumenerde zum Wurzeln bringen.

Beete & Rabatten
BLÜTEN ÜBER ALLES

491
Flieder

Wenn Ihr Fliederbusch übermäßig wuchert, kann er nach der Blüte kräftig zurückgeschnitten werden. Im folgenden Jahr wächst er dann wieder sehr üppig.

492
Blumen, die sich selbst aussäen

Einige Blumen, die typischerweise in Bauerngärten vorkommen, säen sich selbst aus. Stockrose, Kornblume, Löwenmäulchen und Ringelblume z. B. lassen ihre Samen fallen und keimen im folgenden Jahr von selbst; der Einsatz Ihrer ordnenden Hand mag jedoch erforderlich sein.

493
Kornblumen

Kornblumen variieren farblich zwischen Blauviolett, Rosa und Weiß. Sie eignen sich als Schnittblumen oder auch zum Trocknen. Wenn Sie sie im Garten sich selbst überlassen, säen sie sich wieder aus, aber interessanterweise gibt es nach zwei Jahren nur noch blaue Exemplare: Die Hybrid-Kornblumen bilden sich wieder zur Wildform, der blauen Kornblume, zurück.

494
Blumen stützen

Einige hoch wachsende Blumen mit schweren Blüten wie Rittersporn, Fingerhut und Pfingstrosen müssen gestützt werden. Am besten eignen sich 1,5 m lange Bambusstäbe, die sich gut ins Gesamtbild einfügen.

495

Blüten entfernen

Entfernen Sie bei Ringelblumen, Akelei, Vergissmeinnicht, Stockrosen und ähnlichen Blumenarten die Blüten, bevor sie Samen aussetzen. Andernfalls könnte es sein, dass sie bald den gesamten Garten überwuchern!

496

Akelei

Aufgrund ihrer Farbe und ihres schönen Wuchses ist die zweijährige Akelei ein Blickfang in Ihrem Garten. Sie sollte dort stehen, wo ihre langgestielten Blüten am besten zur Geltung kommen.

497

Glockenblumen

Blaue, weiße oder violette Glockenblumen gibt es als große Pflanzen (etwa 60 cm), aber auch als Zwergvariante, die sich für einen Steingarten eignet. Es sind sehr pflegeleichte, »dankbare« Blumen.

498

Knollenbegonien

Schattige Balkons beginnen mit diesen Blumen zu leuchten. Sie sollten mit der runden Knollenseite nach unten eingesetzt werden.

499

Garten im alten Stil

Wenn Sie Gärten im alten Stil mögen, reservieren Sie eine Ecke Ihres Gartens für Mais, der mit Sonnenblumen durchsetzt ist, und umranden Sie alles mit einigen Kürbispflanzen.

500

Gartenwege

Gemähtes Gras, das gleichmäßig auf den Gartenwegen verteilt wird, verhindert, dass dort Unkraut wächst. Während die untere Schicht verrottet, bietet die obere Ihren Füßen Nässeschutz.

501

Winterharte Pflanzen

Sobald an den Stängeln winterharter Pflanzen neue Blättchen sprießen, ist es Zeit, etwas natürlichen Dünger in einem Radius von 5–10 cm um die Pflanze zu streuen. Dies ermöglicht den Wurzeln ein breitflächigeres Wachstum, das die späteren Blütenstängel gegen Wind und Regen stabilisiert.

502

Narrensichere Beeteinfassung

Shasta-Gänseblümchen, Astilbe, Phlox, Orientalische Mohnblumen und Taglilien sind eine narrensichere Bepflanzung für vollsonnige Lagen. Alle diese Blumen sind winterhart, blühen also im darauf folgenden Jahr wieder. Schneiden Sie im Spätherbst die trockenen Stängel in 5–8 cm Höhe ab.

503

Geranien

Geranien überwintern gut an einem kühlen und vor allem trockenen Ort. Schneiden Sie die Pflanzen im Frühling auf die gewünschte Größe zurück und setzen Sie sie in Kästen oder ins Beet.

504

Geranien sind ideale Balkon-pflanzen, da sie eher trockene Erde bevorzugen und wenig Dünger benötigen.

505

Geranien lassen sich im Herbst gut durch Ableger vermeh-ren. Schneiden Sie einen Trieb mit mehreren Blättern ab und entfernen Sie unten zwei oder drei davon. Stecken Sie die Triebe in einen flachen Topf mit feuchter Erde.

506

Steinkraut

Steinkraut kann nicht nur eine dichte, leicht zu pflegende Abgrenzung bilden, die sich gut vor größeren Pflanzen macht, es kann auch auf sehr dekorative Weise ein Gemüsebeet umranden. Obendrein zieht es Bienen an, die dann auch die anderen Pflanzen im Garten bestäuben.

507

Pfingstrosen

Pfingstrosen bringen im späten Frühling eine herrliche Blüte hervor. Sie mögen volle Sonne oder Halbschatten.

508

Pfingstrosen sollten Sie im Herbst fast bis zum Boden abschneiden. Zu Beginn des Frühlings düngen – das üppige Laub und die vollen Blüten benötigen viele Nährstoffe.

509

Lupinen

Lupinen eignen sich gut für die hinteren Bereiche Ihres Gartens. Sie sind sehr nützlich, da sie die Erde mit Stickstoff anreichern. Berücksichtigen Sie, dass Lupinen nicht gerne verpflanzt werden.

510

Schwertlilien

Anders als ihre Verwandten bevorzugt die Schwertlilie (*Iris germanica*) trockenere Erde.

511

Lobelien

Die edelsteinähnlichen Blautöne der zarten Lobelien entwickeln sich am besten in nicht zu nährstoffhaltigen Böden. Wenn sie nach der ersten Blüte zurückgeschnitten werden, blühen sie ein zweites Mal.

512

Isländischer Mohn

Isländischer Mohn blüht den ganzen Sommer hindurch. Sein größerer türkischer Cousin dagegen bevorzugt kühlere Temperaturen.

513

Türkischer Mohn

Türkischer Mohn wächst 90–110 cm hoch und blüht im Frühling. Schneidet man ihn zurück, blüht er erst im Sommer, und dann weniger üppig.

514

Tiefwurzler

Türkischer Mohn hat sehr tief reichende Pfahlwurzeln und wird daher nicht gerne umgesetzt. Er mag keine sauren Böden, daher sollte die Erde stets mit Kalk versorgt werden.

515

Pflegeleicht

Steinkraut ist eine sehr anspruchslose Pflanze und gedeiht sogar unter schlechten Bedingungen. Es ist besser, Steinkraut nicht zu düngen und nur wenig zu gießen. Wenn Sie die abgeblühten Blütenköpfe mitten im Sommer zurückschneiden, werden die kräftigen kleinen Büschel 2–3 Wochen später erneut blühen.

517

Rittersporn und Rosen

Das tiefe Blau-Violett des mehrjährigen Rittersporns macht sich gut als kräftiger Farbklecks hinter Rosenbüschen oder in der Nähe von Kletterrosen. Nicht nur im Garten, sondern auch in der Vase ergänzen sich Rittersporn und Rosen bestens.

518

Rittersporn als Schnittblume

Die Farbpalette des einjährigen Rittersporns reicht von Violett über verschiedene Blautöne bis hin zu Rosa und Weiß. Sowohl die einjährigen als auch die mehrjährigen Pflanzen eignen sich ausgezeichnet als Schnittblumen.

516

Gefahr durch Schnecken

Rittersporn gedeiht gut im Schatten und bevorzugt feuchte Erde. Leider hat er dies mit Schnecken gemeinsam, die vor allem die zarten, jungen Pflanzen beschädigen. Helfen Sie den Pflänzchen, die gefährliche Zeit zu überstehen – die Stängel der älteren Exemplare sind für die Schnecken uninteressant.

519

Grasnelken

Diese kleinen Blumen sind eigentlich gar keine Nelken. Sie gedeihen in eher nährstoffarmen, sandigen Böden, wie es schon ihr lateinischer Name *Armeria maritima* vermuten lässt.

520

Petunien

Petunien mögen nährstoffreichen, mit Humus versetzten Boden. Wenn Sie die ersten Knospen im Frühsommer abknipsen, verzögert sich die Blüte, fällt dafür aber umso üppiger aus.

521

Nelken

Die hübschen weißen, rosa oder roten Nelken brauchen feuchten, nährstoffreichen und sogar unkrautfreien Boden. Im Garten sind sie willkommen, aufgrund ihres intensiven Geruchs allerdings im Haus nur in kleinen Mengen.

522

Löwenmäulchen

Löwenmäulchen erreichen eine Größe zwischen 60 und 90 cm. Sie eignen sich gut als Schnittblumen, da sie danach noch weiterblühen – allerdings an kleineren, schwächeren Stängeln und weniger ausgiebig. Die Samen keimen unter der Mutterpflanze aus, und Sie können die Sämlinge für die nächste Saison gut in ein anderes Beet umsetzen.

523

Spätblüher

Chrysanthemen blühen sogar noch, wenn der Winter schon Einzug hält. Die Blüte beginnt im Spätsommer und dauert bis zum ersten heftigen Frost.

524

Chrysanthemen gibt es in unterschiedlichen Größen und Farben, doch allen Sorten ist gemeinsam, dass sie nach der Blüte im Spätherbst oder zu Winterbeginn bis fast zum Boden gestutzt werden müssen, damit sie auch im folgenden Jahr voll und üppig wachsen.

525

Chrysanthemen und Astern

Damit Ihre Chrysanthemen und Astern auch in den folgenden Jahren blühen, müssen sie im Herbst nach der Blüte fast bis zum Boden zurückgeschnitten werden. Es ist wichtig, alle paar Jahre den gesamten Wurzelballen auszugraben und vorsichtig in zwei oder drei Teile zu zerteilen. Entfernen Sie dabei tote Wurzeln und setzen Sie die Pflanzen an der gewünschten Stelle wieder ein.

526

Kranke Chrysanthemen

Chrysanthemen sind mehrjährig und die Mühe wert, die ihre Pflege kostet: Sie müssen mit Stangen gestützt und nach der Blüte zurückgeschnitten werden. Zudem sind sie anfällig für Schimmel und Rost. Wenn Chrysanthemen von Krankheiten befallen werden, ist dies ein Zeichen dafür, dass auch der Boden nicht in Ordnung ist. In dem Fall müssen die Pflanzen im Spätherbst ausgegraben und an einem ganz neuen Ort eingesetzt werden.

527

Taglilien

Taglilien *(Hemerocallis)* sind unkompliziert und wachsen sogar im Halbschatten und in feuchter Erde. Ihre Farben werden aber am schönsten, wenn sie Sonne bekommen.

528

Portulakröschen

Die strahlenden Farben der zarten Portulakröschen erreichen Sie am besten ohne Dünger.

529

Taglilien sind fast unverwüstlich. Alle drei bis vier Jahre kann man die Wurzelstöcke teilen und so vermehren. Aus Samen gezogene Pflanzen wachsen nicht sortenrein.

530

Enzian

Der mehrjährige Enzian blüht in unterschiedlichen Farben – von Tiefblau über Pink bis hin zu Weiß. Enzian gedeiht auch im Schatten, aber seine Farben werden in voller Sonne intensiver.

531

Alpenveilchen

Alpenveilchen blühen im Herbst und sterben danach ab. Daher werden sie leicht übersehen, wenn der Garten für den Frühling vorbereitet wird. Am besten markieren Sie ihre Standorte mit kleinen bunten Stöckchen.

532

Salvien

Ein Beet mit Salvien wird zur Blütezeit zu einem flammend roten Teppich. Richtig intensiv wird die Farbe, wenn Sie zwei Jahre in Folge große Mengen anpflanzen.

533

Ringelblumen

Ringelblumen sind sehr pflegeleicht, ziehen aber leider Schnecken an. Sie können entweder Ihre Ringelblumen verloren geben oder aber Fallen aufstellen, damit auch die anderen Pflanzen im Garten unbehelligt bleiben.

534

Dahlien

Jeder kennt die großen, prunkvollen Gartendahlien. Weniger bekannt sind die kleinen Varianten, die in Blumenkästen gedeihen. Sie blühen ebenso lange und mit den gleichen kräftigen Farben wie ihre großen Verwandten, solange ihre Erde feucht gehalten wird.

535

Anspruchsvolle Astern

Astern sind nicht ganz pflegeleicht. Die größeren Sorten müssen eventuell angebunden, und die mehrjährigen im Herbst rigoros zurückgeschnitten werden, damit sie auch im folgenden Jahr gut wachsen. Ohne diese Pflege gehen die Pflanzen ein oder gedeihen schlecht. Aber Astern entschädigen für die Aufmerksamkeit, die sie brauchen, nicht nur durch schöne Blüten, sondern sie eignen sich auch gut als Schnittblumen.

536

Einjährige Astern

Einjährige Astern gedeihen nicht, wenn sie in zwei aufeinander folgenden Jahren ins gleiche Beet gesetzt werden. Sie brauchen einen Abstand von mindestens drei Jahren.

537

Oleander

Oleander sieht hübsch aus, ist aber hochgiftig. Weder Kinder noch Katzen sollten an seinen Blättern knabbern.

Beete & Rabatten
ROSEN

538

Vor dem Einpflanzen

Um den Rosen einen guten Start zu geben, werden die Wurzeln eine Stunde vor dem Einsetzen in Wasser gelegt.

539

Rosen pflanzen

Außerhalb der strengen Klimazonen werden Rosen zur Entwicklung der Wurzeln am besten im Herbst eingesetzt.

540

Wurzelwachstum

Besonders im Frühling sind ausreichend Wasser und Dünger für das Wurzelwachstum von Rosen äußerst wichtig. Wenn sich die Erde bis in 15 cm Tiefe trocken anfühlt, müssen die Wurzeln mit Hilfe eines Gartenschlauchs gut gewässert werden. Die Blätter dabei nicht nass spritzen, da sie sonst von Schimmelpilzen befallen werden könnten.

541

Pflanztiefe

Anders als bei Obstbäumen muss die Pfropfstelle 3–5 cm unter der Erde liegen.

542

Beschneiden

Rosen sollten im Herbst weder zu früh noch zu kurz gestutzt werden. Am besten wartet man bis zum Frühling um festzustellen, welche Stämme den Winter überlebt haben.

543

Feuchtigkeit

Um Rosen herum sollte die Erde immer handbreit tief feucht sein. Während der Blüte öfter gießen.

544

Wurzeln schützen

Bedecken Sie im Spätherbst die Wurzeln der Rosen bis zu einer Höhe von 18–20 cm mit Torf.

545

Rosenrost

Infektionen mit Rost kann man vorbeugen, indem man die Rosen im Frühling mit Schwefel spritzt.

546

Abstand zwischen Rosen

Besonders Rosen mit größeren Blüten benötigen viel Nahrung und viel Platz im Wurzelbereich; pflanzen Sie die Büsche daher nie zu nah aneinander.

Garten für Kinder

547
Riesenlauch

Der Riesenlauch ist bei Kindern sehr beliebt, da er schnell wächst und sehr groß wird (90–110 cm).

548
Zitronenmelisse

Es bereitet Kindern viel Freude zu beobachten, wie schnell die langen Stängel der schattenliebenden Zitronenmelisse wachsen. Außerdem zieht Zitronenmelisse Bienen an.

549
Mit der Sonne

Sogar kleinen Kindern macht es Spaß zu beobachten, wie Sonnenblumen mit ihren Köpfen dem Lauf der Sonne folgen.

550
Sonnenblumen

Sonnenblumen haben den gesamten Garten im Blick – einige Sorten können bis zu 3 m hoch werden! Sie können eine Reihe Sonnenblumen säen, um damit den Blick auf Ihren Komposthaufen zu verstellen. Da sie sehr schnell wachsen, brauchen sie entsprechend viele Nährstoffe, so dass der Platz neben dem Kompost ideal ist. Im Herbst können Sie dann die Kerne ernten – aber lassen Sie den Vögeln auch noch etwas übrig!

551
Giftige Mehrjährige

Einige der schönsten schattenliebenden mehrjährigen Pflanzen sind hochgiftig: Blauer Eisenhut (*Aconitum*), Fingerhut (*Digitalis*) und Christrosen. Kinder sollten von diesen Pflanzen weder Blätter noch Blüten in den Mund nehmen.

Kräuter

552
Mückenschutz

Die ätherischen Öle mancher Kräuter halten Mücken fern. Legen Sie Ihren Kräutergarten daher möglichst nah am Küchenfenster an, denn Küchendünste ziehen Insekten an.

553
Schnittlauch

Schnittlauch ist nicht nur für die Küche von Bedeutung: Pflanzt man ihn zwischen Salat und Tomaten, vertreibt sein intensives Aroma viele Schädlinge, und in einer Reihe gepflanzt bildet er eine hübsche Abgrenzung, die im zweiten Jahr auch durch Lavendelblüten aufgelockert werden kann.

554
Zur Dekoration

Einige Kräuter lassen sich auch gut zu Dekorationszwecken verwenden. Vor allem die neueren, dunkellilafarbenen Lavendelsorten bilden einen schönen Rand für Gartenstufen oder -wege. Rosmarin verleiht dem Garten durch seine edlen graugrünen Nadeln Tiefe und Struktur, Lorbeer kann gartengerecht gestutzt werden, und die zarte, anmutige Anispflanze liefert einen schönen Hintergrund für niedrig wachsende Sommerpflanzen.

555
Oregano

Oregano ist zur Blütezeit eine wahre Zierde und lockt dann Bienen, Schmetterlinge und viele andere nützliche Insekten an.

556

Dill

Säen Sie Dill an einen sonnigen, warmen, windgeschützten Platz. Die Ernte erfolgt während des ganzen Sommers. Ideales Kraut zu Gurken.

557

Kerbel

Eins der wenigen Kräuter, die sich im Halbschatten wohl fühlen. Kerbel ist ein idealer Helfer bei Entschlackungskuren im Frühjahr.

558

Sellerie

Wenn Sie die Pflänzchen im Haus vorziehen, können Sie sie schon im Mai ins Freie pflanzen. Unentbehrlich für alle Suppen – ein Muss für den Kräutergarten.

559

Rosmarin

Ein Kraut mit starker Heilwirkung: fördert die Durchblutung und ist Bestandteil vieler Rheumasalben. Schmeckt unvergleichlich zu Lamm und allem Grillfleisch.

560

Anis

Viele assoziieren mit Anis nur Erkältung und Hustenbonbons. Probieren Sie dieses äußerlich unscheinbare Gewürz mit dem starken Geschmack doch einmal zu Obstsalat, Suppen oder Salat.

561

Kräutertopf

Ein Kräutertopf mit verschiedenen kleinen Öffnungen verhindert, dass starkwüchsige Sorten die zarten überwuchern.

562

Petersilie

Aus Petersilie können Sie ein klärendes Gesichtswasser für unreine Haut herstellen: 2 EL klein gehackte Petersilie mit einer Tasse Pfefferminztee überbrühen und 30 Minuten ziehen lassen. Abseien und mit Hilfe eines Wattebauschs die gereinigte Haut abtupfen.

563

Kräuter-Barbecue

Beim Grillen kann man Kräuter auf die heißen Kohlen streuen und ein Folienzelt lose über den Grill stülpen, so dass der Kräuterrauch ins Fleisch eindringt. Besonders schmackhaft sind Basilikum (getrocknete Schoten oder Blätter), Majoran, Rosmarin, Salbei (besonders bei Huhn) und Bohnenkraut. Einige ausgewählte Kräuter können Sie auch zusammenbinden und als Backpinsel benutzen.

564

Brunnenkresse

schmeckt gut auf einem Käsebrot oder im selbst gemachten Kräuterquark. Die Pflanze mag – wie der Name schon sagt – Feuchtigkeit. Am besten pflanzen Sie sie in Teichnähe.

565

Katzenminze

kann in kleinen Mengen einem Blattsalat beigefügt werden und wirkt dort sehr bekömmlich, krampflösend und hilft bei Verdauungsbeschwerden.

566

Basilikum

Auch wer kein Freund von Pesto ist, wird auf Basilikum im Garten nicht verzichten wollen. Köstlich zu Tomaten und Mozzarella im Sommer. Ein Tee aus Basilikumblättern löst Magen-Darm-Krämpfe und regt den Appetit an.

567

Melisse

wird wegen Ihres Duftes häufig auch Zitronenmelisse genannt und wegen der äußerlichen Ähnlichkeit oft mit Minze verwechselt. Das Zitronenaroma der jungen Blättchen passt zu Salaten, Fisch und leichten Suppen.

568

Liebstöckel

ist auch als „Maggikraut" bekannt. Mehr muss wohl nicht gesagt werden. Passt als Multitalent zu Suppen, Salaten, Gemüse, Fleisch und Fisch.

569

Kresse

Die Samen keimen nach drei Tagen und wachsen innerhalb von zwei Wochen selbst auf einer Wattechicht zu einer stattlichen Kräutermahlzeit heran. Gut geeignet für die Fensterbank rund ums Jahr und als Osternest für die lieben Kleinen.

570

Kamille

Der gute Ruf der Kamille ist ungetrübt. Sie wirkt nachweislich antibakteriell und entzündungshemmend. Für einen Heiltee sollten Sie nur selbst geerntete, getrocknete Blütenköpfe verwenden oder eine entsprechende Qualität aus der Apotheke oder dem Reformhaus. Der billige Beuteltee enthält kaum Blütenköpfe.

571

Kräutergarten

Kräuter entwickeln sich besonders gut auf erhöhten Beeten, da ihre Wurzeln gute Drainage bevorzugen. Da ein einmal angelegter Kräutergarten über Jahre oder Jahrzehnte hin bestehen mag, lohnt es sich, ihn mit stabilen Planken oder Steinen zu umgeben. Legen Sie ihn in Küchennähe an, um die Kräuter bequem zu erreichen.

572

Majoran

Ein gutes Kraut für ein Kräutersträußchen, das den Duft des Sommers noch für viele Wochen konserviert.

573

Kräuter, die Schatten mögen

Die meisten Kräuter benötigen viel Sonne, um ihren Geschmack voll zu entfalten. Einige mögen jedoch auch Halbschatten und Feuchtigkeit – z. B. Schnittlauch, Petersilie, verschiedene Minzen und Zitronenmelisse.

574

Steingarten

Einige Kräuter mögen die trockenen Verhältnisse eines Steingartens und wachsen auch zwischen Trittsteinen – z. B. Thymian und Kletterbohnenkraut, die zudem ihr Aroma freigeben, wenn man aus Versehen darauf tritt.

575

Kräuter trocknen

Kräuter sollten ganz unten am Stängel abgeschnitten werden, um sowohl Blätter als auch Samen zu erhalten. Dann hängt man sie mit den Köpfen nach unten in einer kleinen Baumwollstofftasche in einen kühlen, trockenen und dunklen, aber gut belüfteten Keller.

576

Kräuter gegen Insekten

In Wohn- und Schlafzimmer können Sie zur Vertreibung von Insekten getrocknete Kräuter auf die Fensterbänke streuen. Besonders gut eignen sich dafür Basilikum, Lavendel, Rosmarin, Pfefferminze, Kerbel und Zitronenmelisse.

Beeren

577

Erdbeeren anpflanzen

Den Übergang zwischen Erdbeerwurzeln und -krone markiert ein kleiner, sehr wichtiger Ring, der beim Anpflanzen auf der Erdoberfläche liegen muss, da die Pflanze sonst stirbt oder schlecht wächst.

578

Vermehrung

Die mehrjährigen Erdbeeren werden bei kühlem Wetter auf gut vorbereiteten Boden gesät. Überdachen Sie sie mit einer durch Streichhölzer angehobenen Glasplatte, um Austrocknen zu vermeiden. Direktes Sonnenlicht sollte gemieden werden. Wenn die Sämlinge zwei Keimblätter entwickelt haben, sollten sie in mittelgroße Töpfe pikiert werden.

579

Erdbeeren auf dem Balkon

Auch auf dem Balkon kann man Erdbeeren ziehen, indem man die Wände eines unbehandelten Holzfasses mit 2,5 cm großen Löchern versieht. Das Fass mit Gartenerde füllen und die jungen Erdbeerpflanzen einsetzen (in Richtung Norden nur, wenn Sie bereit sind, das Fass zu drehen). Die Erde muss feucht, aber nicht nass gehalten werden. Man muss sich bei der Erdbeerernte nicht bücken, Schnecken sind leichter zu entdecken, und Vögel können mit Hilfe eines Netzes erfolgreich fern gehalten werden.

580

Mulch für Erdbeeren

Bei Sägemühlen oder Speditionsbetrieben erhältliche Holzwolle eignet sich hervorragend als Mulch für Erdbeeren. Sie schützt vor feuchtem Boden und verfilzt nicht. Alternativ dazu kann man auch Stroh verwenden.

581

Himbeeren

Himbeerbüsche vertragen es nicht, umgepflanzt zu werden. Überlegen Sie daher gut, wohin Sie sie pflanzen – z.B. neben einen Zaun, der zugleich als Stütze dienen kann.

582

Erdbeeren ganzjährig

Das ganze Jahr über Erdbeeren? Die roten, gelben und weißen, so genannten »Monatserdbeeren« (eine typische Sorte ist Rügen) ermöglichen dies. Die kleineren Beeren sind, im Gegensatz zu ihren größeren Verwandten, mehrjährig und pflanzen sich über die Krone fort und nicht etwa durch Ausleger. Alle Jahre wieder ist eine Ausdünnung erforderlich, wenn sie zu dicht wachsen. Die niedrig wachsenden Pflanzen (20–25 cm) können als attraktive Abgrenzung von Blumen- oder Gemüsebeeten dienen.

583

Himbeerbüsche

Schneiden Sie tragende Zweige von Himbeerbüschen nach der Ernte bis zum Boden zurück. Schon junge Zweige liefern nach zwei Jahren Beeren.

584

Frühe Ernte

Nach Ausbildung der Früchte reifen Kirschen und Beeren recht schnell. Mehrere Regentage kurz vor der Ernte können ihren Geschmack jedoch beeinträchtigen. Ernten Sie die Früchte daher lieber etwas verfrüht, wenn starke Regenfälle vor ihrer vollständigen Reife drohen, damit sie nicht wässrig schmecken.

585

Gemüse pflanzen

In trockenen Regionen oder Gebieten mit sehr durchlässigem Boden sollten die einzelnen Gemüsepflanzen in größerem Abstand voneinander als gewöhnlich stehen, damit ihre Wurzeln nicht um Wasser konkurrieren. Die Erde sollte selbstverständlich auch hier mit Mulch bedeckt werden.

586

Einen Gemüsegarten anlegen

Beachten Sie beim Anlegen eines Gartens, wie das Licht fällt. Platzieren Sie hoch wachsende Pflanzen, z.B. große Tomaten und Stangenbohnen, an den Rändern, damit sie kleineren Pflanzen kein Licht nehmen. In Bodennähe wachsende Pflanzen wie Kürbisse sollten sich am Rand des Gartens befinden, da ihre sich windenden Ranken viel Platz in Anspruch nehmen.

587

Dauergäste

Manche Gemüsesorten wie z.B. Spargel, Artischocken und die nicht verwandten Topinambur sind Dauergäste im Garten. Reservieren Sie ihnen einen festen Platz im nördlichen Gartenabschnitt, damit sie die schneller wachsenden Sommergemüsesorten nicht in den Schatten stellen.

588 Wiederholte Aussaat

Reservieren Sie in Ihrem Garten Platz für die wiederholte Aussaat schnell wachsender Gemüsesorten. Säen Sie Ihrem Verbrauch entsprechend alle zwei Wochen Radieschen, Spinat und Salat; bewässern Sie sie gut und ernten Sie nach Bedarf. Kleine Familien können alle paar Tage von Spinat und Salatsorten, die keinen Kopf entwickeln, die größeren, reifen Blätter abziehen. Ernten Sie den ganzen Salat in diesem Fall nur, wenn er zu üppig wächst.

589

Gemüse in Kübeln

Bei Platzmangel oder auch schlechter Erde kann Gemüse auch in Kübeln gezogen werden. Zu diesem Zweck empfiehlt sich teure, nährstoffreiche Topfpflanzenerde. Erde aus dem eigenen Garten sollte zuvor in der Mikrowelle portionsweise sterilisiert werden. Feuchten Sie sie zuvor etwas an, damit die Wellen die Erde durchdringen.

590

Bewässerung

Besonders bei Tomaten, Paprika und Möhren kann zu viel Wasser eine Geschmackseinbuße bewirken. Vor allem Tomaten sollten 1–2 Tage vor der Ernte weniger bewässert werden.

591

Späte Ernte

Ein Stück Ihres Gartens sollte für spätes Gemüse wie Rosenkohl oder Grünkohl reserviert sein, damit der Rest des Gartens schon auf den Winter vorbereitet werden kann, ohne das Wachstum des Gemüses zu stören.

592

Vorbereitung

Gemüse in Kübeln benötigt die ganze Zeit über ausreichend Nährstoffe und Wasser, da seine Wurzeln nicht unterhalb des Behältnisses nach Nahrung suchen können. Adäquate Entwässerung ist jedoch ebenfalls sehr wichtig, etwa in Form 1 cm großer Löcher im Boden, die man mit Tonscherben bedeckt, damit die Erde nicht zu rasch mit ausgespült wird.

593

Windschutz

Da es leichter austrocknet als Gemüse im Garten, muss man Gemüse in Kübeln nicht nur vor zu viel Sonne, sondern auch vor Wind schützen. Stellen Sie es an besonders windigen Tagen an einen hellen, aber geschützten Ort oder gießen Sie es nach Bedarf öfter.

594

Schnell wachsendes Gemüse

Schnell wachsendes Gemüse mit kurzen bis mittellangen Wurzeln wie Salat oder Radieschen sind für einen Kübel ideal. Sommergemüse wie Tomaten (die kürzeren Sorten) und Paprika eignen sich ebenfalls gut und profitieren von der Wärme, die die Wände des Kübels sammeln, solange man sie ausreichend bewässert und düngt.

595

Grundregeln

Für das erfolgreiche Pflanzen in Kübeln gibt es zwei Grundregeln: Benutzen Sie immer den größtmöglichen Behälter und bedecken Sie seinen Boden mit einer 1–2 cm hohen Schicht Kieselsteine (je nach Größe des Behälters), damit sich die Wurzeln nicht am Fassboden festsetzen.

596

Erde nachfüllen

Die häufige Bewässerung von Kübelpflanzen macht die Erde dichter und fester. Stellen Sie mit grobem Sand oder Torf gemischte Erde zum Nachfüllen bereit, um dieser Verdichtung und dem sinkenden Erdstand entgegenzuwirken.

597

Wintergemüse

Langsamer wachsende Wintergemüse, z.B. Angehörige der Brokkoli- oder Kohlfamilie, gedeihen oft nicht in Kübeln, da es ihnen zu warm wird. Ihr Platz sollte eher für schnell wachsendes Gemüse genutzt werden.

598

Kopfsalat

Gießen Sie Kopfsalat vorsichtig rings um den Stängel und auch unter den Blättern, aber vermeiden Sie direktes Gießen auf den Kopf, da der Salat sonst weniger kompakt wächst. An heißen Tagen sollte die Erde (nicht die Blätter!) auch nachmittags gegossen werden.

599

Bei Kopfsalat und anderen schnell wachsenden Salatsorten muss die Erde im Wurzelbereich gedüngt werden, sobald die kleinen Pflanzen zu wachsen anfangen, und auch später noch mehrere Male.

600

Salatgarten

Um einen pflegeleichten Garten mit Kopfsalat, Feldsalat und sogar Grünkohl anzulegen, ziehen Sie eine flache Furche (etwa 5 cm breit), in der Sie die Saat etwas dichter aussäen als gewöhnlich. Dies ergibt eine dicht bewachsene Fläche, die Sie aber nur nach Bedarf ausdünnen sollten.

601

Sonne und Wasser

Um schnell zu wachsen, braucht Kopfsalat Sonnenlicht, er mag jedoch auch nasse Füße. Ein wenig Schatten in der Nachmittagshitze, z.B. von größeren Pflanzen gespendet, verhindert das Schießen des Salats.

602

Anlage

Liegt Ihr Gemüsegarten an einem Hang, dann sollten die Reihen senkrecht zur Neigung verlaufen, damit Wasser und Nährstoffe nicht einfach abfließen.

603

Radieschen

Die robusten, schnell wachsenden Radieschen sind bei Kindern immer beliebt. Zur Markierung einer Saatreihe von langsamer keimenden Samen kann man eine Linie Radieschen hineinsäen.

604

Dünger

Hühnermist ist ein ausgezeichneter Salatdünger. Verteilen Sie ihn um die Wurzeln, doch vermeiden Sie, dass er auf die Blätter gelangt, damit er sich später leichter putzen lässt.

605

Radieschenblätter

Ein ganz besonderes und nahrhaftes Häppchen: Radieschensamen etwas dichter als gewöhnlich auf einem vorbereiteten Beet verstreuen. Die 2 cm hohen Blätter vor der Wurzelbildung pflücken und als Salatgarnierung bzw. richtigen Salat servieren. Die Radieschen entwickeln innerhalb kurzer Zeit eine zweite Blatternte und gesunde Wurzeln.

606

Farbenfrohe Vielfalt

Radieschen gibt es auch außerhalb der üblichen Rotweißtöne: Rosa, Lila und Schwarz in die eine Richtung, Gelb und Grün in die andere. Das einfach zu ziehende Gemüse mit seinem weißen Fleisch und den verschiedenfarbigen Schalen ist eine fröhliche Salatzutat. Wenn Sie auf Ihrem Markt zu wenig Abwechslung finden, bietet ein Gartenkatalog vielleicht mehr Auswahl.

607

Pflegeleichtes Gemüse

Radieschen – pflegeleichter geht's nicht! Der wohl einzige Fehler, der einem unterlaufen kann, ist, die Erde austrocknen zu lassen. Die Radieschen werden dann holzig und setzen zu früh Samen an.

608

Bei Nässe nicht berühren

Nasse Bohnenblätter reagieren empfindlich auf Berührung; jeder Kontakt macht die Blattoberfläche für Krankheiten anfällig. Bohnen sollten deshalb erst nach dem Trocknen des Taus gebunden und gepflegt werden.

609

Tomaten

Tomaten brauchen besonders in der Blüte- und Fruchtzeit viel Wasser. Davor und danach fördert übermäßiges Bewässern lediglich das Blattwachstum und nicht die Frucht.

610

Eulenraupen

Um zu vermeiden, dass Eulenraupen die Stängel junger Tomaten und anderer Pflanzen durchbeißen, führen Sie einen 10 cm langen Nagel direkt neben dem Stängel zur Hälfte in die Erde ein. Die Raupen werden so immer nur auf Metall stoßen und Ihre Pflanzen in Ruhe lassen.

611

Nachtschattengewächse

Tomaten gehören wie die Tollkirsche zur Familie der Nachtschattengewächse. Die Frucht kann man grün oder rot essen, aber man sollte sich nach der Arbeit an den Pflanzen die Hände sorgfältig waschen. Der intensive Geruch, den die Blätter übertragen, verrät, ob man sich die Hände gut gewaschen hat oder nicht!

612

Grüne Tomaten

Grüne Tomaten eignen sich gut zum Einlegen. In Essig und Wasser erhitzen, in Gläser abfüllen und verschließen. Mit Perlzwiebeln schmecken sie auch gut.

613

Reifung im Haus

Kein Problem, wenn der Frost einbricht, bevor die Ernte reif ist: Ernten Sie alle gesunden Früchte, ob grün oder rot, klein oder groß, und wickeln Sie sie einzeln in Zeitungspapier ein. In einer Lage auf ein Kellerregal legen, wöchentlich überprüfen und faule Früchte aussortieren. In wenigen Wochen werden alle rot und reif sein – egal, was das Wetter draußen macht.

614

Gekochter Rettich

Der schnell wachsende Rettich wird normalerweise roh verzehrt. Sehr große bzw. leicht holzige Exemplare können jedoch auch wie Rüben gekocht serviert werden. Selbst sehr würzige Rettiche werden durch Erhitzen süß und mild.

615

Natürlicher Halt

Unglaublich, aber wahr: Kartoffelpflanzen bieten eine natürliche Stütze für niedrige oder mittelhohe Pflanzen. Wer junge Tomaten etwa 15 cm fern von Kartoffeln einsetzt, muss die Tomaten nicht festbinden.

616

Kartoffeln pflanzen

Es ist nicht nötig, Kartoffeln tief zu pflanzen – ein 5–8 cm tiefes Loch reicht. Die wachsenden Pflanzen müssen jedoch 10–15 cm hoch »angehäuft« werden, um für die Entwicklung der Knollen zu garantieren.

617

Kartoffeln im Fass

In Kleingärten oder auf Balkons kann man Platzmangel wettmachen, indem man Kartoffeln in einem unbehandelten Holzfass zieht. Saatkartoffeln sollten dazu auf eine Schicht reichhaltiger Gartenerde gelegt und mit Mulch bedeckt werden. Wenn sich die ersten grünen Triebe zeigen, Mulch nachfüllen. Durchschnittlich bewässern. Bis Saisonende sollte das Fass voller Kartoffeln sein.

618

Herbstpflege

Im Frühherbst, wenn die Blätter der Kartoffeln abzusterben beginnen, schneidet man die Stängel bis zum Boden ab, um den Wurzeln noch einen Ansporn für das letzte Wachstumsstadium zu geben.
Zwei Wochen später werden die Kartoffeln mit Hilfe einer Forke ausgegraben und eingelagert.

619

Kartoffelfäule

Kartoffelfäule tritt meist in feuchten Klimaregionen auf. Hier können die Kartoffeln unter schwarzen Plastikplanen, die einen guten Teil des Regens fern halten, angebaut werden. Die reifen Kartoffeln werden sich direkt unter der Plane befinden, so dass Sie die Forke kaum benötigen.

620

Frühkartoffeln

Die leckeren Frühkartoffeln, die man am besten in Salaten oder gekocht mit etwas frischer Petersilie und Butter isst, werden im Frühling aus früh reifenden Sorten gewonnen, die man zu Beginn der Blüte erntet.

621

Bohnen

Da Bohnen nicht leicht umzupflanzen sind und außerdem recht schnell wachsen, macht es wenig Sinn, sie in Töpfen zu ziehen. In sehr kalten und feuchten Jahren aber kann man es mit einigen Pflanzen versuchen.

622

Grüne Kartoffeln

Wenn die wachsende Knolle dem Licht ausgesetzt war, wird die Kartoffelhaut oft grün. Obwohl dies unappetitlich wirken mag, ist die Haut nicht gefährlich. Kartoffeln mit einer grünen Schicht UNTER der Haut sind jedoch unreif und können in der Tat gesundheitsschädlich sein (Kartoffeln gehören zur Familie der manchmal giftigen Nachtschattengewächse). Gehen Sie daher sicher, dass Ihre Kartoffeln beim Ausgraben reif sind. Grüne Stellen sollten vor dem Kochen abgeschnitten werden.

623

Bohnenstangen-Zelte

Bohnenstangen können oben in Form eines Indianerzeltes zusammengebunden werden. Dies macht die Stangen standfester und bietet einen schönen, schattigen Spielplatz für Ihre Kinder, während die Bohnen die Stangen hochklettern.

624

Schutz vor Frost

Obwohl die Kartoffel ein Gemüse der kühlen Jahreszeit ist, können junge Kartoffelpflanzen sehr frostempfindlich reagieren und müssen bei Nachtfrost mit Plastikplanen oder Stroh bedeckt werden. Morgens kann die Abdeckung weggenommen werden.

625

Süßkartoffeln

Die Batate genannte Süßkartoffel zählt im Grunde nicht zu den Kartoffeln. Diese stärkehaltige afrikanische Knolle enthält besonders viel Vitamin A und Ballaststoffe. Daher lohnt es sich, sie im Glashaus oder unter Plastikplanen zu ziehen. Die Knollen schmecken leicht gekocht ausgezeichnet, und die Blätter kann man wie Spinat verzehren.

626

Schwarzwurzel

Wenn die Schwarzwurzel im Frühling zu schießen droht, bevor alle überwinternden Wurzeln geerntet wurden, kann man die jungen, halb geöffneten Blüten pflücken und im Salat essen. Die Wurzeln schmecken geschält und in Scheiben geschnitten mit einer hellen Soße besonders gut.

627

Möhren

Säen Sie Möhren in der Frühlingsmitte eher dünn, um die Reihe nicht später ausdünnen zu müssen. Unreife Möhren gibt es nicht: Auch junge Wurzeln, besonders die der frühen Sorten, können im Salat Verwendung finden.

628

Ernte und Lagerung

Möhren können wie anderes Wurzelgemüse auch bei milden Temperaturen im Boden gelassen und bei Bedarf geerntet werden, aber diese älteren Wurzeln sind nur für Suppen oder Eintöpfe gut. Man kann die Möhren jedoch auch 9–11 Wochen nach dem Säen ernten und in einer mit Sand gefüllten Kiste an einem kühlen Ort den Winter über lagern.

629

Möhrenfliege

Um die im Frühling auftauchende Möhrenfliege fern zu halten, sollte man Möhren zunächst in einem Beet aussäen, das sich zum Schutz mit einem engmaschigen Netz abdecken lässt. Wenn die Fliegen verschwunden sind, können die Möhren in Reihen ausgepflanzt werden.

630

Der geeignete Boden

Wurzelgemüse braucht lockere, sandige Erde, um gut zu wachsen. Möhren sind da nicht anders: Sie bevorzugen reichhaltigen Humusboden, den man am besten schon im Herbst für die nächste Saison vorbereitet. Die Wurzeln sollten in der Wachstumsphase nicht übermäßig gedüngt werden, da sie sonst »haarig« werden. Ein zu stickstoffhaltiger Dünger bewirkt, dass die Blätter zum Nachteil der Wurzel üppig wachsen – und das wäre ja nun gar nicht im Sinne des Gärtners.

631

Vitamin A

Frische Möhren enthalten mehr Vitamin A als beinahe alle anderen Gemüsesorten – je dunkler das
Orange, desto besser. Einige runde Möhrensorten
enthalten besonders viel Vitamin A.

632

Möhrengrün

Falls ein Ausdünnen der Möhren-
sämlinge erforderlich ist, bevor die
Wurzel genießbar wird, sollten alle
ausgerupften Blätter sorgfältig entsorgt
werden, da der Geruch des absterben-
den Grüns Möhrenfliegen anlockt.

633

Die reinigende Wirkung
von Zwiebeln

Zwiebelsorten üben einen reinigenden Effekt
auf den Boden aus. Daher eignen sie sich gut
als Nachfolger von Sommergemüse wie
Tomaten, Paprika und Gurken.

634

Möhrenreihen

Möhren keimen eher langsam. Um
ihre Reihen zu markieren und das
Beet leichter unkrautfrei zu halten,
kann man alle 5–10 cm schnell
wachsende Radieschen entlang der
zukünftigen Möhren aussäen.

635

Rote Bete

Die Samen von Roter Bete bilden Klümpchen, die man besser erst gar nicht zu trennen versucht, da dies anscheinend auch die Keimung beeinträchtigt. Die Keime werden etwa 1 cm tief eingesetzt. Die sprießenden Sämlinge müssen rigoros ausgedünnt werden, damit sich nur eine Pflanze pro Klümpchen entwickelt.

636

Rote Bete in der Küche

Rote Bete ist ein sehr vielseitiges Gemüse. Ihre jungen Blätter können wie Spinat zubereitet oder dem Salat zugefügt werden. Junge Rote Bete (etwa 5 cm Durchmesser) kann man einlegen, ältere ist gekocht und zur Erhaltung der Farbe in ein wenig Essig eingelegt ein hervorragendes Wintergemüse.

637

Die Keimung beschleunigen

Um die Keimung dickhäutiger Rote-Bete-Samen zu beschleunigen, kann man sie einen halben Tag vor dem Auspflanzen in warmem Wasser einweichen. Ein weiterer Tipp: Die Samenklümpchen vor dem Aussäen mit einem Hammer leicht antippen, damit die Samenhülse aufknackt – das empfindliche Innere jedoch nicht beschädigen.

638

Ständiger Nachschub

Rote Bete bevorzugt kühles Wetter, kann aber bei guter Bewässerung auch den Sommer über in zwei- bis dreiwöchigen Intervallen eingesetzt werden. Vor der vorzeitigen Samenentwicklung ernten.

639

Steckrüben

Lange Zeit als Arme-Leute-Gemüse geächtet, erleben Steckrüben heute eine Renaissance. Für die Winterernte säen Sie im Hochsommer mit einem Reihenabstand von 30 cm. Zwischen den Sämlingen sollten 20 cm Abstand eingehalten werden.

640

Vor der Ernte

Rote Bete bevorzugt direkte Sonneneinstrahlung, doch schon vor der Ernte können junge Kohl- und Brokkolisämlinge zwischen ihren Pflanzen eingesetzt werden. Bis sie groß genug sind, um Schatten zu werfen, ist die Rote Bete längst geerntet.

641

Lagerung im Winter

In milden Regionen kann **Rote Bete** den Winter über im Boden bleiben – vor allem bei gut entwässertem Boden. Das Beet sollte dabei handbreit mit Stroh bedeckt werden. In kälteren Gebieten sollte man Rote Bete vor strengem Frost ernten, die Blätter abdrehen und kühl und trocken im Keller lagern.

642

Kürbisernte

Im späten Oktober ist Kürbiszeit. Ernten Sie Kürbisse, bevor strenger Frost einsetzt, und lagern Sie sie kühl. Gute Rezepte für Suppen, Brote, Torten und eingelegten Kürbis helfen Ihnen, dieses vitaminreiche Gemüse optimal zu nutzen.

643

Kürbis

Dieses schnell wachsende Gemüse ist pflegeleicht, wie ein jeder weiß, der schon einmal die Samen vom Vorjahr im Komposthaufen hat sprießen sehen. Mit Kürbisranken lässt sich ein heranreifender Komposthaufen in der Tat ausgezeichnet verstecken. Allerdings kann man ihn auch nicht vor Ablauf der Kürbissaison wenden, um die Kompostierung zu beschleunigen.

644

Kürbisse am Spalier

Trotz ihrer schweren Früchte sind Kürbisse Kletterpflanzen. Daher kann man sie auch an einem soliden Spalier wachsen lassen, wenn der Garten zu klein oder der Boden zu feucht ist.

645

Rosenkohl

Obwohl Rosenkohl nicht unempfindlich gegen Kälte ist, profitiert er durchaus von kühlem Frühlingswetter. Die Samen für zwei Ernten einmal im Spätsommer und dann Mitte Herbst säen. In milden Regionen kann man für eine frühe Frühlingsernte noch ein weiteres Mal im Herbst säen.

646

Wachstumsbedingungen

Lassen Sie stets etwa 70–80 cm Platz zwischen den einzelnen Rosenkohlpflanzen. Gute Luftzirkulation verhindert Pilzbefall, und genug Platz erleichtert Ihnen zudem die Entfernung von Raupen und Schnecken.

647

Ernte

Ernten Sie Rosenkohl, bevor die Röschen Anzeichen machen, sich zu öffnen, und wählen Sie ruhig die größeren Röschen aus, um die kleinen weiterwachsen zu lassen. Wenn alle Röschen gepflückt sind, kann man den »Kopf« der Pflanze wie Kohl zubereiten.

648

Rosenkohl benötigt gut bearbeitete humushaltige Erde. Dazu muss das Beet im Herbst mit Kompost und eventuell auch ein wenig Kalk versorgt werden.

649

Artischockenstängel

Wie bei Rhabarber oder Sellerie können die zarten jungen Stängel der einjährigen Artischocke als köstliche Gemüsebeilage serviert werden.

650

Einjährige Artischocken

Kleinere, einjährige Artischocken können aus Samen gezogen werden. Im Spätwinter unter Glas säen und erst in den Garten setzen, wenn keine Frostgefahr mehr besteht. Die Köpfe sind kleiner als die der mehrjährigen Sorte – also mit der Ernte nicht zu lange warten, da man sonst nur Distelblüten und kein Gemüse mehr hat.

651

Artischocken gehören zur Familie der Disteln. Es dauert normalerweise zwei Jahre, bis ein guter »Kopf« entstanden ist. Die Ernte sollte vor Öffnung der Blütenköpfe erfolgen, da diese sonst ungenießbar sind.

652

Mehrjährige Artischocken

Ihre Artischockenernte kann erneuert bzw. vergrößert werden, indem sie im Frühling die Seitenknospen samt einem Stück vom Stängel vorsichtig abschneiden und 8–10 cm tief einpflanzen. Die Pflanzen brauchen gut 80–90 cm Fläche zum Wachsen. Nach 4–5 Jahren ermüden sie und müssen ersetzt werden.

653

Fruchtwechsel

Regelmäßiger Fruchtwechsel verhindert, dass sich Krankheiten in der Erde verbreiten und bewirkt einen ausgewogenen Mineralstoffgehalt, da unterschiedliche Pflanzen dem Boden verschiedene Mineralienanteile entziehen.

654

Hülsenfrüchte

Die Wurzeln von Hülsenfrüchten (Erbsen- und Bohnensorten) reichern die Erde mit Stickstoff an. Ein paar Jahre nach dem Anbau von Hülsenfrüchten eignet sich das Beet gut für stickstoffhungrige Pflanzen wie z.B. Kartoffeln oder Kohlsorten.

655

Schutz vor Unkraut

Ein Fruchtwechsel hilft auch gegen Unkraut. Pflanzt man ein paar Jahre Kartoffeln, deren Blätter dem Unkraut das Licht nehmen, wird der Boden vom Unkraut befreit und eignet sich wieder für Pflanzen wie Erdbeeren oder Zwiebeln, bei denen die Unkrautbeseitigung eher schwierig ist.

656

Einschränkung

Ein Fruchtwechsel macht nur dann Sinn, wenn die Fläche relativ groß ist. Versetzt man die Pflanzen lediglich um einige Meter, kann man keine tief greifenden Bodenprobleme lösen.

657

Stickstoffbedarf

Pflanzen mit durchschnittlichem Stickstoffbedarf (z.B. Tomaten, Paprika, Gurken und Bohnen) sollten auf stickstoffhungrige Pflanzen (Kohlarten wie Broccoli, Rosenkohl, Grünkohl und Blumenkohl) folgen.

658

Kohlsamen

Wenn Sie Kohlsamen $1/2$ Stunde lang in heißem Wasser einweichen, werden etwaige Pilze vernichtet.

659

Echte Lilien

Echte Lilien gehören zur Zwiebelfamilie und eignen sich ausgezeichnet für Fruchtwechsel oder Zwischenpflanzungen, da sie Schädlinge und Krankheiten fern halten. Sie eignen sich daher auch zur Abgrenzung von Tomaten- und Paprikabeeten.

660

Auberginen

Auberginen lieben warmes Wetter, benötigen aber viel Zeit in der Wachstumsphase. Man sollte sie Anfang Frühling im Glashaus oder auf der Fensterbank einsetzen und erst in den Garten pflanzen, wenn sich der Boden erwärmt hat. Japanische Sorten, die etwa 8–9 cm lang werden, reifen schneller.

661

Beetnachbarn

Manche Pflanzen vertragen einander nicht, und pflanzt man sie direkt nebeneinander, kann dies zu ernsthaften Problemen führen. Andere Kombinationen dagegen sind ausgesprochen vorteilhaft.

662

Erdbeeren und Borretsch

Nebeneinander gepflanzt ergänzen Erdbeeren und Borretsch einander gut: Borretsch hält Blattläuse fern und schmeckt später im Salat ausgezeichnet.

663

Kohl schützen

Wird Ihr Kohl von Erdflöhen geplagt, pflanzen Sie Kopfsalat dazwischen; sind es Weiße Fliegen, pflanzen Sie junge Tomatenpflanzen in die Nähe.

664

Möhren und Lauch

Möhren und Lauch sind gute Nachbarn, da sie ihr Wurzelwachstum gegenseitig fördern und Lauch die Möhrenfliege fern hält.

665

Grünkohl

Grünkohl ist bei kalt-feuchtem Klima der Favorit. Er kann bei Bedarf im Herbst geerntet werden, aber auch unter Schnee im Winter oder am Frühlingsanfang, wenn die neue Saat ausgesetzt wird.

666

Ringelblumen

Die bescheidenen Ringelblumen sind eine große Hilfe für den Gärtner. Sie halten fliegendes Ungeziefer fern, und ihre Wurzeln sondern eine Substanz ab, die Nematoden abschreckt.

667

Knollensellerie

Knollensellerie bevorzugt Bohnen und Tomaten als Beetnachbarn, da diese sein Wachstum fördern.

668

Tomaten

Tomaten gedeihen besonders gut, wenn man Petersilie, Möhren und Kapuzinerkresse dazwischenpflanzt. Die Petersilie verbessert ihren Geschmack, die Möhren fördern ihr Wachstum, und die Kapuzinerkresse hält Blattläuse fern.

669

Bohnenkraut und Bohnen

Bohnenkraut mag nicht nur die Gesellschaft von Bohnen, sondern hilft auch dabei, Läuse von den Bohnenpflanzen fern zu halten.

670

Topinambur

Topinambur (auch: Jerusalemartischocke) ist ein Wurzelgemüse und wird im späten Sommer wie Kartoffeln geerntet oder den Winter über direkt im Garten vorrätig gehalten. Die Sommerernte kann ungekocht in Salat oder auch angedünstet serviert werden.

671

Der mehrjährige Topinambur (auch: Jerusalemartischocke) ist ein wahrer Gartenriese und wird bis zu 3 m hoch. Er wird vorzugsweise am Gartenende auf Dauer gepflanzt und im späten Sommer bei 1,5 m Höhe geköpft, um ihn vor Windschäden zu schützen.

672

Radieschen und andere Gemüsesorten

Radieschen gedeihen zwischen vielen in der Früh- und Mittelsaison wachsenden Gemüsesorten wie z.B. Salat, Kohlrabi, Möhren und Bohnen.

673

Kapuzinerkresse

Zwischen Erbsen und Radieschen gepflanzte Kapuzinerkresse hält Blattläuse fern und verleiht dem Garten farbige Akzente.

674
Salat

Neben Möhren wächst Salat besser, und mit Hühnermist gedüngte Erde beschleunigt sein Wachstum noch.

675
Mais und Salat

Mais und Salat passen gut zusammen: Der schnell reifende Salat erhält die notwendige Sonne, bevor der Mais so hoch gewachsen ist, dass er zu viel Schatten wirft. Der Mais wächst dagegen noch lange nach der Salaternte weiter.

676
Gurken

Um Gurkenpflanzen vom nassen Boden fern zu halten, ist es in feuchten Gegenden ratsam, ein Gitter aufzustellen, an dem sie sich hochranken können. Die Ranken tragen überraschend viel Gewicht.

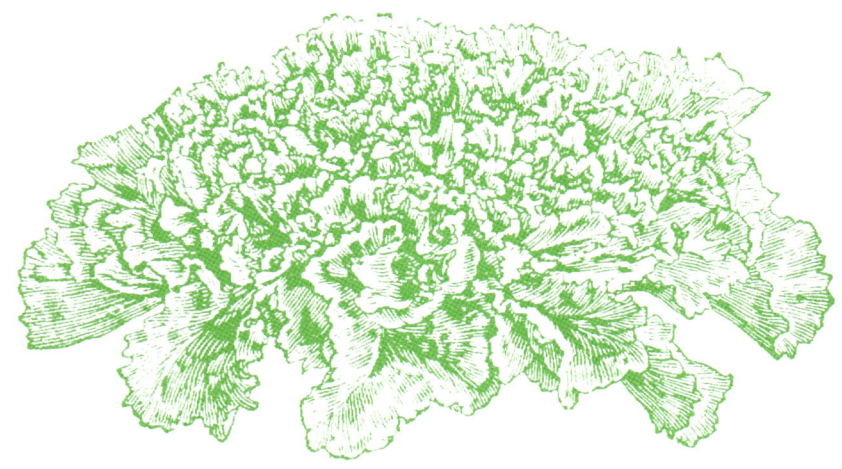

Pflanzenschutz
SCHÄDLINGE UND NÜTZLINGE

677

Die einfachste Art der Insektenbekämpfung besteht darin, Vögel mit Hilfe eines flachen, nicht spiegelnden Vogelbades in den Garten zu locken.

678

Zwiebelfliegen

In Gärten, die von Zwiebelfliegen geplagt werden, sollte man lieber Steckzwiebeln einsetzen als Samen aussäen. Die Wachstumsgeschwindigkeit der Steckzwiebeln wird den durch Fliegenlarven verursachten Schaden weitgehend wettmachen.

679

Kohlschädlinge

Kohl wird nicht nur von Weißen Fliegen befallen, sondern auch von Krankheiten, die das zwischen den Köpfen wachsende Unkraut überträgt (insbesondere Feldestragon und Hirtentäschel).

680

Rhabarberblätter

Mit Rhabarberblättern kann man nicht nur **Schnecken** fangen, sondern auch anderes Ungeziefer fern halten, das Kohl befällt: Breiten Sie einen Teppich aus Rhabarberblättern unter den Kohlköpfen oder lassen Sie Rhabarberblätter in Wasser ziehen und gießen Sie den Sud dann über Blätter und Boden.

681

Schnecken fern halten

Bei trockenem Wetter können Sie Schnecken fern halten, indem Sie einen Ring aus Sand um ihre Beete streuen, denn Schnecken bevorzugen glatten, feuchten Boden.

682

Schnecken sammeln

Schnecken kriechen morgens unter breite Rhabarberblätter. Verteilen Sie also einige dieser Blätter abends rings um den Garten, dann können Sie die ungebetenen Gäste am Morgen einsammeln.

683

Larven

Um das Gartenbeet im Herbst oder im Winter von Raupen und anderen Larven zu befreien, den Boden mit Kalzium bestreuen und dieses leicht unterharken. Halten Sie Präparate auf Kalziumbasis jedoch von säureliebenden Pflanzen wie z. B. Rhododendren, Azaleen oder Rhabarber fern.

684

Spray gegen Blattläuse

Zur Beseitigung von Blattläusen besprühen Sie die oberen und unteren Blattflächen mit einer schwachen Schmierseifenlösung, bis sie nass sind (nicht in der direkten Sonne!). Wiederholen Sie diese Behandlung in Trockenperioden alle 2–3 Tage – den Pflanzen schadet es nicht, und auch die gerade geschlüpften Blattläuse sind in Kürze verschwunden.

685

Nematodenbefall

Beim Nematodenbefall von Kartoffeln und Tomaten hilft Umsetzen in einen anderen, nematodenfreien Gartenbereich. Die Nematoden am alten Standort sterben dann ab.

686

Brennnesseln

Brennnesseln sind nicht einfach nur Unkraut. Sie können vielmehr auch wie Mangold oder Rote Bete als nahrhaftes und vitaminreiches Gemüse zubereitet werden, und ein wirksames Mittel gegen Läuse erhält man, wenn man 1 kg Nesseln in 10 Liter kaltem Wasser 24 Stunden ziehen lässt, abseiht und die Pflanzen mit der Flüssigkeit besprüht.

Tiere im Garten

687

Kröten

Genau wie Igel sind Kröten bei der Bekämpfung von Ungeziefer äußerst hilfreich. Sie benötigen Schatten und eine kleine Wasserstelle, um sich bei Ihnen heimisch zu fühlen.

688

Mit den Vögeln teilen

Ärgern Sie sich nicht zu sehr, wenn Vögel einen Teil der von Ihnen ausgesäten Samen verzehren – sie revanchieren sich reichlich, indem sie Ihnen viele Schädlinge vom Hals halten.

689

Singvögel

Gärtner schätzen Vögel nicht nur wegen ihres Gesangs, sondern auch, weil sie jede Menge Insekten und andere Schädlinge fressen. Stellen Sie Nistkästen und Material zum Nestbau bereit, damit sich Vögel in Ihrem Garten einrichten.

690

Hundertfüßler

Es ist wichtig, den Unterschied zwischen Hundertfüßlern und Tausendfüßlern zu kennen – Hundertfüßler verzehren genüsslich Schneckeneier.

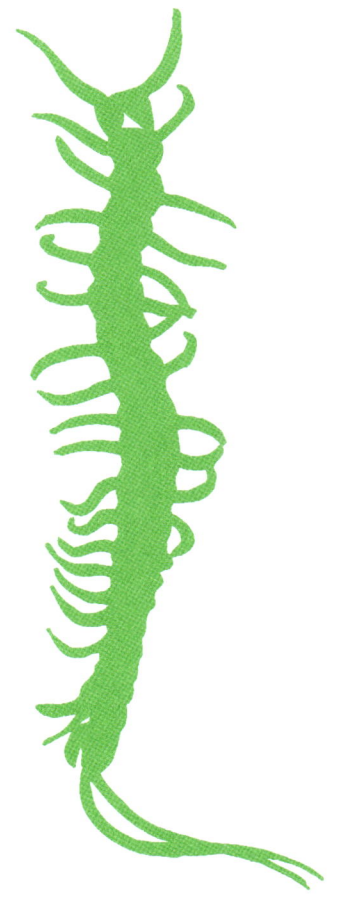

691

Schafe als Rasenmäher

Wenn es in Ihrer Nähe Schafe gibt, können Sie vielleicht einige davon ausleihen, die Ihnen den Rasen kurz halten. Dies ist besonders interessant, wenn Sie einen kleinen Obstgarten haben. Der Haken an der Sache: Die Schafe weiden das Gras sehr kurz, außerdem fressen sie junge Obstbäume kahl!

692

Hühner

Wenn Sie oder Ihr Nachbar Hühner halten, richten Sie ihnen im Winter und zu Beginn des Frühlings ein Gehege im Garten ein. Sie beseitigen dankbar viele Schädlinge und hinterlassen sogar noch etwas Dünger.

693

Ein Schwein ausleihen

Wenn Sie besonders nährstoffhaltige Erde benötigen, borgen Sie sich zwischen Herbst und Frühlingsbeginn vom Nachbarn ein Schwein, das den Boden zerwühlt.

694

Igel

Igel sind die natürlichen Feinde vieler Gartenschädlinge, und besonders gern fressen sie Schnecken. Daher sollten sie in jedem Garten willkommen sein. Vielleicht können Sie mit einer Schale Milch, die gut geschützt und für Katzen unerreichbar steht, einen Igel dazu bringen, sich in Ihrem Garten anzusiedeln.

695

Frösche

Frösche halten kleine und große Schädlinge in Ihrem Garten im Zaum – von Mücken über Blattläuse bis hin zu Schnecken.

Topfpflanzen

696

Gegen Erdflöhe können Sie ein Schwefelstreichholz mit dem Kopf nach unten in den Blumentopf stecken.

697

Subtropische Pflanzen

Weihnachtssterne, Usambaraveilchen und Orchideen, die alle aus den Subtropen stammen, bevorzugen lauwarmes Wasser. Die Erde sollte nie austrocknen, aber die Wurzeln dürfen auch nicht dauerhaft nass sein.

698

Jahresrhythmus

Sowohl für Zimmer- als auch für Gartenpflanzen ist der Winter eine Ruhephase. Verringern Sie die Wasser- und Düngermengen im Herbst und steigern Sie sie im Frühling wieder, besonders bis die Tagundnachtgleiche Ende März erreicht ist. Pflanzen reagieren sehr sensibel auf die zunehmende Tageslänge und benötigen dann mehr Nährstoffe.

699

Einige Zimmerpflanzen haben sehr empfindliche Blätter. Usambaraveilchen z. B. wässert man am besten in einer Untertasse von unten, da andernfalls die behaarten Blätter verfaulen. Usambaraveilchen, die übrigens keine richtigen Veilchen sind, wachsen normalerweise in tropischem Unterholz. Ihre Exemplare sollten an einem warmen Ort ohne direkte Sonneneinstrahlung stehen, und die Erde sollte feucht, aber nicht nass sein. Am besten gießen Sie tropische Pflanzen mit warmem Wasser.

700

Unterschiedliche Bedürfnisse

Sowohl unter den Zimmerpflanzen als auch unter den Gartenpflanzen gibt es Arten, die mehr Nährstoffe benötigen als andere und daher in der Wachstumsphase mehr gedüngt werden müssen. Sie zeichnen sich durch schnelles, üppiges Wachstum aus, wie es z. B. bei Erdbeeren, Tomaten und Mais zu beobachten ist, aber auch bei Geranien.

701

Blumen trocknen

Hohe, dornige Blumen mit kleinen Blütenköpfen eignen sich fürs Trocknen am besten – sie brauchen nur geschnitten und in lockeren Sträußen in einem trockenen, gut belüfteten Raum aufgehängt zu werden. Farbe und Form bleiben am besten erhalten, wenn man Exemplare auswählt, deren Blüten sich gerade erst öffnen. Man legt sie in eine Schachtel, deren Boden mit einer Mischung aus einem Teil Borax und drei Teilen Maismehl bedeckt ist. Sieben sie noch etwas Maismehl zusätzlich über die Blumenköpfe und lassen Sie sie eine Woche so trocknen.

702

Gute Nachbarn

Noch ist wissenschaftlich nicht geklärt, warum Zimmerpflanzen neben bestimmten anderen Pflanzen besser gedeihen. Aber Vorsicht: Pflanzen mit fleischigen oder behaarten Blättern mögen keine Berührung durch andere Pflanzen. Sie bevorzugen eine enge Nachbarschaft, die aber platonisch bleibt.

703

Fleckige Tontöpfe

Alte, fleckig gewordene Tontöpfe können Sie reinigen, indem Sie das Loch unten mit einem Korken und etwas Tesafilm abdichten und den Topf mit Steinen füllen. Anschließend wird er bis zum Rand in Wasser gestellt. Durch den Wasserdruck verschwinden die Flecken in den Tonwänden des Topfes.

704

Tontöpfe einweichen

Neue Tontöpfe sollten 24 Stunden in Wasser eingeweicht werden, um noch anhaftende Chemikalien auszuspülen, die bei der Herstellung der Töpfe verwendet werden.

705

Kakteen

Kakteen werden häufig mit heißer Wüstensonne assoziiert, doch vergisst man dabei, dass es in der Wüste nachts recht kalt wird. Und genauso mögen es Kakteen! Kakteen bevorzugen im Winter eine relative Ruhephase mit Temperaturen zwischen 5 und 10 °C. In einigen Gegenden können Kakteen sogar draußen bleiben – man holt sie dann nur bei Frost ins Haus.

706

Sukkulenten pflegen

Auch mitten in der Wachstumsperiode benötigen Sukkulenten nur wenig Dünger; eine Überdosis kann sogar fatale Folgen haben. Verwenden Sie nur phosphathaltige Produkte und gießen Sie die Pflanzen vor dem Düngen gut. So verringert man die Gefahr, den zarten Wurzelhärchen Schaden zuzufügen. Sukkulenten sind empfindlicher gegen Temperaturschwankungen als die meisten anderen Pflanzen, sogar stärker als Kakteen. Sie sollten warm stehen – zwischen 20 und 32 °C.

707

Zwiebeln setzen

Anders als im Garten müssen Zwiebeln, die im Haus blühen sollen, mit der Spitze nahe der Erdoberfläche eingesetzt werden. Gut gießen und je nach Variante die Töpfe 8–12 Wochen im dunklen Keller stehen lassen.

708

Zwiebeln gießen

Lassen Sie Ihre Zwiebeln während des Blühens nie austrocknen, da sie sonst sofort eingehen und sämtliche Blüten verlieren.

709

Forcierte Blüte

Wenn Sie Blumenzwiebeln im Winter zum Blühen gebracht haben, lassen Sie sie einige Zeit ruhen und setzen Sie sie später im Garten ein. Forcieren Sie im folgenden Jahr keine erneute Blüte.

710

Tontöpfe oder Plastiktöpfe?

In der Regel sind Tontöpfe Plastiktöpfen oder Keramiktöpfen vorzuziehen, da durch den Ton überflüssiges Wasser verdunsten kann. Zudem wird in Tontöpfen das Wurzelwachstum angeregt, da der Verdunstungseffekt des Tons verhindert, dass sich die Wurzeln am Topfrand konzentrieren. Tontöpfe eignen sich allerdings weniger gut an heißen Standorten wie z. B. auf einem sonnigen Balkon. Hier können luftundurchlässige Topfwände die notwendige Feuchtigkeit halten.

Feng Shui

Das chinesische Wort feng (gesprochen: »föng«) bedeutet »Wind«,

shui (gesprochen: »schwej«) bedeutet »Wasser«.

Im übertragenen Sinn sprechen wir von den dynamischen,

formgebenden Effekten von Wind und Wasser, von ihrem Gegensatz

und vom harmonischen Miteinander der beiden Elemente.

EINFÜHRUNG UND ANWENDUNG

Feng Shui ist die daoistische Wissenschaft vom Leben in Harmonie mit der
Natur und der Umgebung, deren Grundlagen in den folgenden Tipps zunächst
erläutert werden. Seit Jahrtausenden stützen sich die Chinesen auf
die praktischen Ratschläge dieser Lehre, wenn es darum geht, wo und wann
Häuser zu errichten oder Grabstätten auszuwählen sind und, vor allem,
wie das Alltagsleben harmonischer zu gestalten ist. Niedergeschrieben sind die
Weissagungskünste im »Buch der Wandlungen« (Yi Jing, auch I Ging).
Im 19. Jahrhundert gelangte diese chinesische Tradition auch nach Europa
und bietet den zivilisationsgeschädigten Menschen, die in einer hektischen Welt
die Intuition für einen natürlichen Lebensrhythmus verloren haben, seither
ein geschlossenes System von Ratschlägen zur Bewältigung des täglichen Lebens
und zur Steigerung des Wohlbefindens. Die Atmosphäre der Umgebung
beeinflusst unser Befinden – die Feng-Shui-Praxis kann uns helfen, unsere
Umgebung bewusster wahrzunehmen und positiv mitzugestalten:
Die Verbesserung unseres Lebensstils und unserer Gesundheit, ein
harmonisches Familienleben und Erfolg im Berufsleben sind die Ziele.

711

Qi

Ein zentraler Begriff des Feng Shui ist Qi (auch chi oder ch'i geschrieben). Der Gehalt des Wortes ist am besten mit »physiologische Aktivität«, »funktionelle Vitalität des Organismus«, »Lebensenergie« bzw. »Lebensatem« oder »aktive Energie, die durch alle Formen fließt« wiederzugeben.

712

Wie dieses Wasser, so fließt alles dahin, ohne Aufhalten, Tag und Nacht.

(Kong Zi, Lun yu, IX, 17)

713

Jeder Körper, jede Erscheinungsform hat ein eigenes Energiefeld.

Im menschlichen Körper fließt die Energie entlang der Akupunkturpunkte. Auf einem Feld zirkuliert Energie, wenn Pflanzen gedeihen, Wind und Wasser tragen Energie in sich und auch jeder unbelebte Gegenstand hat sein eigenes Energiefeld.

Nicht immer finden wir eine optimale Situation vor; eine Verbesserung des den Menschen umgebenden Energieflusses hat jedoch einen positiven Effekt auf seinen eigenen Energiefluss. Feng Shui zeigt Ihnen, wie Sie korrigierend eingreifen, den Energiestrom stärken und da, wo es nötig ist, bündeln und kanalisieren können. Blockaden können aufgehoben oder zumindest gemildert werden. Durch den harmonischen Fluss des Qi werden Gesundheit, Wohlstand und geistiges Wohlbefinden gefördert und eine angenehme Atmosphäre geschaffen.

714

Alles ist in Bewegung, alles hat ein eigenes Energiefeld und alles steht in Verbindung zueinander. Es ist einfacher, dem Fluss des Qi zu folgen und zu wissen, was ihn begünstigt, als sich ihm entgegen zu stellen. Wir sollten daher die wichtigsten Formen von Qi kennen.

Formen des Qi

715

Egal nach welcher Schule man vorgeht, Ziel von Feng Shui ist es, das Qi, das an einem Ort vorgegeben ist, zu erkennen, zu sammeln und für die dort lebenden Menschen optimal einzufangen und zu lenken. Qi darf niemals stagnieren. Ideal ist kreisförmig zirkulierendes Qi, das eine stimulierende Wirkung hat.

716
Das planetare Qi

Die Konstellation der Sonne, der Sternzeichen und die Kraft des Mondes beeinflussen unser Leben. So richten sich etwa Ebbe und Flut nach dem Mond und bei bestimmten Sternenkonstellationen verhalten sich Menschen und Tiere seltsam, Zugvögel brechen zu ihrer Reise auf usw. Achten Sie deshalb auf den Mondzyklus und auf Ihr Horoskop (am Ende dieses Buches finden Sie Anhaltspunkte, wie Sie Ihr chinesisches Sternzeichen feststellen können).

717
Atmosphärisches Qi

Durch Elektrogeräte, synthetische Materialien, doppelte Fensterverglasung, Klimaanlagen, Heizungen usw. hat sich das »Klima« in unserer Umgebung verändert. Qi wird in den Räumen gebündelt, kann nicht entweichen oder fließt zu schnell ab. Früher haben Ritzen und Löcher für eine gleichmäßige Luftzirkulation gesorgt. Pflanzen, Landschaftsblicke oder Springbrunnen können zwar helfen, dem entgegenzuwirken, wichtig ist es jedoch, dass die Raumluft regelmäßig ausgetauscht wird. Ein Windspiel kann Ihnen einen Hinweis darauf geben, ob Qi fließt.

718
Das Qi der Tiere

Tiere können Qi nicht nur wahrnehmen und uns Hinweise geben, wo zu viel oder zu wenig Qi fließt. Das Qi, das sie selbst umgibt, kann auf uns eine positive Wirkung haben. Der Anblick einer Schildkröte kann beruhigen, Goldfische in ihrem Becken haben einen guten Einfluss auf das Raumklima.

719

Das klimatische Qi

Das Wetter hat großen Einfluss auf unser Wohlbefinden und prägt die Menschen einer Region. In dunklen, kalten Gegenden beispielsweise neigen die Menschen zu langsamen Bewegungen, sind eher zurückhaltend und depressiv, während sie in sonnig-warmen Gebieten eher expressiv, aktiv und überschwänglich sind.

720

Das Qi der Vorgänger

Bevor man ein Gebäude bezieht, sollte man sich erkundigen, wie es den vorherigen Besitzern/Mietern ergangen ist. Hat es mehrmals innerhalb kurzer Zeit einen Wechsel gegeben, sollte man vorsichtig sein und sich nach den Ursachen erkundigen, damit man entsprechende Gegenmaßnahmen ergreifen kann.

721

Das Qi des Lichts

Licht ist wesentlich für alles Leben. Auch für den Fluss des Qi ist es wichtig. Nur in einem gut ausgeleuchteten, aber nicht gleißend hellen Raum kann es fließen. Nur wo die Wahrnehmung nicht beeinträchtigt ist, keine Schatten entstehen und man nicht geblendet wird, kann sich Qi entfalten. Künstliche Beleuchtung am Tage vermeiden, Jalousien schützen vor zu viel Licht.

722

Wärmendes Qi

Anders als beim Licht breitet sich wärmendes Qi nicht linear aus, sondern verteilt sich von einer Wärmequelle ausgehend im Raum oder wird z.B. über die Klimaanlage in den Raum geblasen. Das Prinzip ist allerdings immer dasselbe: Die Wärme steigt nach oben. Damit es sich von hier aus gleichmäßig verteilen kann, sollte man dafür sorgen, dass dauerhafter Durchzug vermieden wird.

Die Überlieferung

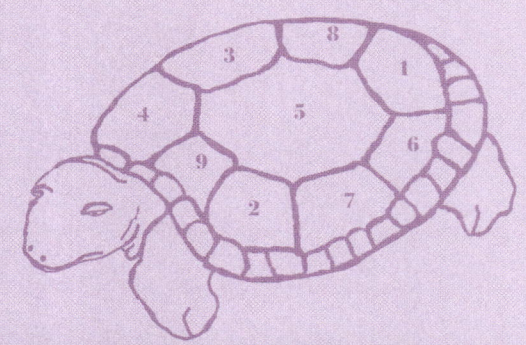

723

Die Überlieferung führt die Grundlagen von Feng Shui auf das He Shu, die Schrift vom Gelben Fluss, zurück. An diesem Fluss soll der Gelehrte und erste Herrscher Chinas, Fu Xi, meditiert haben, als eine Schildkröte ans Ufer kroch. Die Schildkröte gilt als spirituelles Wesen und Symbol des Universums. Fu Xi bemerkte die besondere Musterung ihres Panzers. Er erkannte darin ein Schema, mit dem die fünf Wandlungszustände (Erde, Feuer, Holz, Metall, Wasser) in Form von geraden und ungeraden Zahlen dargestellt werden konnten.

4	9	2
3	5	7
8	1	6

724

In der vereinfachten Darstellung erscheint dieses Schema als **magisches Quadrat**, dessen Quersumme in jeder Richtung die Zahl 15 ergibt.

725

Im Luo Shu, der Schrift vom Fluss Luo, wurde dieses Quadrat mit den acht Trigrammen aus dem »Buch der Wandlungen« verbunden und somit die Grundlage für das Ba-Gua (Ba: acht; Gua: Trigramm) gelegt.

Holz	Feuer	*Süd*	Sommer	Erde

Holz ╱╱╱ Feuer ☲ Sommer ☷ Erde

4   **9**   **2**

Holz
Ost ☴ **3**   **5**   **7** ☳ *West*
Frühling   Herbst   Metall

8   **1**   **6**

Erde ☶   Wasser ☵ Winter   ╱╱╱ Metall
Nord

726

Das Ba-Gua ist ein wichtiges Hilfsmittel im Feng Shui. Es ist ein Raster, das über Grundstücks- und Gebäudegrundrisse gelegt wird, um herauszufinden, wie die Lebensaspekte der Bewohner damit korrespondieren.

727

Bei den Trigrammen handelt es sich um acht Bilder, die jeweils aus drei Linien bestehen. Sie werden miteinander kombiniert, so dass daraus 64 Hexagramme entstehen, die die Grundlage für die Lebensweisheiten im »Buch der Wandlungen« (Yi Jing) bilden. Jedem Trigramm sind Elemente, Jahreszeiten, Himmelsrichtungen, Ziffern usw. zugeordnet.

728

In der Mitte des Ba-Gua liegt die Ziffer 5. Sie wird als weibliche Ziffer durch das Trigramm KUN repräsentiert und als männliche Ziffer durch das Trigramm KEN. Häufig wird sie auch durch Yin und Yang, als energetischer Mittelpunkt und Zeichen des dauernden Wandels, dargestellt.

KAN – das Wasser

729

Zuordnungen:

Element Wasser, Himmelsrichtung
Norden, Ziffer 1, Jahreszeit Winter,
Farben Blau/Schwarz.
Es steht für den Fluss des Lebens und der
Karriere und wird mit Gefahr assoziiert.

CHEN – der Donner

730

Zuordnungen:

Element Holz, Himmelsrichtung Osten,
Ziffer 3, Jahreszeit Frühling, Farbe Grün.
Es steht für Gesundheit, Vitalität,
Vorfahren und Familie und wird mit
Bewegung und Neubeginn assoziiert.

KUN – die Erde

731

Zuordnungen:

Element Erde, Himmelsrichtung
Südwesten, Ziffer 2, Farbe Gelb.
Es steht für Hingabe, Vereinigung,
Partnerschaft und Beziehungen und wird
mit Mütterlichkeit assoziiert.

SUN – der Wind

732

Zuordnungen:

Element Holz, Himmelsrichtung
Südosten, Ziffer 4, Farbe Grün.
Es steht für Wohlstand, Segen,
Wachstum und wird mit Wind und
Eindringen assoziiert.

☰ QIEN - der Himmel

733

Zuordnungen:

Element hartes Metall, Himmelsrichtung Nordwesten, Ziffer 6, Farbe Gold. Es steht für Leiter, Mentoren, Lehrer und wird mit Stärke und Haushaltsvorstand assoziiert.

☶ KEN – der Berg

734

Zuordnungen:

Element Erde, Himmelsrichtung Nordosten, Ziffer 8, Farbe Gelb. Es steht für Gelehrsamkeit, innere Erkenntnis, Weisheit und wird mit Ruhe assoziiert.

☱ TUI – der See

735

Zuordnungen:

Element weiches Metall, Himmelsrichtung Westen, Ziffer 7, Jahreszeit Herbst, Farbe Gold. Es steht für Kreativität, Freude, Kinder und wird mit Heiterkeit assoziiert.

☲ LI – das Feuer

736

Zuordnungen:

Element Feuer, Himmelsrichtung Süden, Ziffer 9, Jahreszeit Sommer, Farbe Rot. Es symbolisiert Selbsterkenntnis, Ansehen, Ruhm und wird mit Fröhlichkeit assoziiert.

737
Yin und Yang

Der durch eine S-förmige Linie geteilte Kreis – die eine Hälfte schwarz (yin, weibliches oder negatives Prinzip der Natur), die andere weiß (yang, männliches oder positives Prinzip der Natur) – symbolisiert das harmonische Gleichgewicht zwischen den Gegensätzen des Universums. Das eine kann nicht ohne das andere existieren, niemals sollte ein Ungleichgewicht entstehen. Anteile beider Prinzipien ergeben im Zusammenspiel ein harmonisches Ganzes.

739
Die beiden Schulen der Feng-Shui-Praxis

Die bekanntesten Richtungen der Ausübung sind die Kompass-Schule und die Landschafts- oder Formschule. Die *Kompass-Schule* ist sehr präzise und arbeitet mit konkreten Daten wie den Geburtsdaten oder den Sternzeichen. Wie der Name sagt, benötigt man hierzu einen Feng-Shui-Kompass.
Die *ältere Landschaftsschule* ist sehr logisch und kann schon mit gesundem Menschenverstand sehr einfach nachvollzogen werden.

738

Den beiden Prinzipien Yin und Yang ordnet man bestimmte Eigenschaften und Begriffe zu:

Yin	Yang
weiblich	männlich
dunkel	hell
Schatten	Licht
Nacht	Tag
Mond	Sonne
lose	fest
Erde	Himmel
Winter	Sommer
kalt	warm
unten	oben
Stille	Bewegung
passiv	aktiv
sanft	rau
traurig	heiter

740

Die Kompass-Schule

Der sogenannte Luo-Ban-Kompass (luo: alles, ban: Schale, Scheibe) zeigt, in welcher Relation sich ein Mensch zur ursprünglichen Quelle des Universums befindet. Durch die richtige Orientierung lassen sich ein Gebäude oder das Mobiliar eines Raumes in gleicher Weise ausrichten wie die göttliche Himmelskonstellation. Im Gegensatz zu einem westlichen Kompass ist er nach Süden ausgerichtet.

741

Die Landschaftsschule

Natürliche geologische Formen, aber im übertragenen Sinn auch künstlich erzeugte Formen in der Umgebung wie diejenigen von Häusern, Straßenverläufen oder Möbel üben einen bestimmten Einfluss auf die in ihrer Nähe lebenden Menschen aus. Landschaftsformen wie Berggipfel oder Flusstäler werden z.B. mit Tieren assoziiert, die wiederum Symbole für bestimmte Eigenschaften sind und entsprechende Wirkungen auf ihre Umgebung haben. Gedeihen Pflanzen an bestimmten Stellen besonders üppig, ist mit Bestimmtheit ein gesundes Qi die Ursache. Die Geomantie hilft, günstige und ungünstige Eigenschaften der Landschaft zu erkennen. Gebäude sollen sich in die Landschaft einfügen, statt ihr Bild zu verletzen.

742

Eine ideale Landschaft wird geprägt durch die Gemeinsamkeit des Yangs der Berggipfel und des Yins der Ebene: Steile Berggipfel allein würden uns bedrücken, eine unbewachsene, flache Ebene allein wäre nicht nur trist und eintönig, sondern erzeugt darüber hinaus keinerlei Qi.

743

Beispiel 1 – Die Reisschale

Die Landschaftsschule gibt uns sehr anschaulich Hilfestellungen. So verspricht eine Felsformation, die einer Reisschale ähnlich sieht, den in ihrer Nähe lebenden Menschen eine gleich bleibend gute Versorgung, ja sogar Wohlstand.

744

Beispiel 2 – Die Nadel

Ein Felsen, der steil und gerade wie eine Nadel in den Himmel aufragt, steht für Gelehrsamkeit. Er ist für die Menschen, die das Glück haben, in seiner Nähe zu leben, ein Garant für wachsendes Wissen, Fortschritt in der Forschung und akademische Erfolge.

745

Beispiel 3 – Der Kopf

Felsen können auch die Form eines Kopfes haben; die chinesische Geomantie besagt, dass sie eine Wächterfigur symbolisieren, die die umliegenden Häuser beschützt. Assoziieren Sie frei und ziehen Sie Ihre eigenen Schlüsse aus den Landschaftsformen!

746

Das Zahlenmuster des magischen Quadrats wird auch mit den himmlischen Tieren in Verbindung gebracht. In der Feng-Shui-Praxis wird jeder Seite eines Grundstücks eines der vier himmlischen Tiere zugewiesen. Im Rücken des Hauses ist es die schwarze Schildkröte, nach vorne hin der rote Phönix, auf der linken Seite wacht der grüne Drache und rechts der weiße Tiger.

Tiersymbolik

747

Der Drache gilt als göttliches Tier. An der linken Flanke, also im Osten, wacht er über die Bewohner eines Hauses und erfüllt jeden Wunsch.

748

Die Glück bringende Schildkröte bietet mit ihrem kräftigen Panzer Schutz im Norden. Ihr Element ist die Erde.

749

Im Westen, auf der rechten Seite, bewegt sich der Tiger sanft am Grundstück entlang. Dennoch gilt er als gefährlich und repräsentiert Stärke. Sein Element ist Metall. Er hält die Dämonen vom Haus fern.

750

Der Blick nach vorne, nach Süden, soll ungehindert schweifen können. Hier hält der Sagenvogel »Phönix« Wache, der sich über das Grundstück erhebt und die Umgebung im Blick hat. Sein Element ist das Feuer.

Die fünf Elemente

751

Die Welt besteht aus Materie, die zu einem der fünf Elemente Wasser, Holz, Feuer, Erde oder Metall gehört. Mit diesen Elementen ist der Mensch ständig in Berührung, sie sind aber nicht nur als Substanzen zu verstehen, sondern auch als Symbole für Eigenschaften der Materie; sie werden daher auch als die fünf Wandlungszustände bezeichnet. Alle werden jeweils mit verschiedenen Aktivitäten, Jahreszeiten, Farben, Formen und Himmelsrichtungen in Verbindung gebracht. Die Wechselwirkung der einzelnen Elemente untereinander bestimmt ihre Entwicklung und den Einfluss auf ihre Umgebung.

752

Praktische Anwendung

Eine Untersuchung des Zusammenwirkens aller Elemente ermöglicht eine Analyse und Verbesserung des Qi eines Menschen, seiner persönlichen Entwicklung und seiner Umgebung. Positives Feng Shui wird erzielt, wenn man die Abläufe der Zyklen sowie die Elemente und ihre Bedeutungszusammenhänge kennt – sei es bei der Gestaltung von Gebäuden oder Räumen, bei der Wahl des Partners oder in vielen anderen Situationen.

Prüfen Sie, welches Element in einer bestimmten Situation ein anderes hervorbringt, welche sich neutral zueinander verhalten oder sich gegenseitig aufheben; tritt das gleiche Element mehrfach auf? Dieses Übermaß sollten Sie vermeiden und ein »destruktives« Element entgegensetzen. Möchte man also einen bestimmten Bereich stärken, z.B. das Wissen aus dem Erdbereich, wählt man einen Gegenstand aus, der dem Element Feuer entspricht, etwa einen roten Gegenstand in Ihrem Arbeitsbereich.

753
Holz

Das Element Holz steht für alles Lebendige: die Pflanzenwelt, den Frühling, Wachstum, Aktivität, Kraft, den Osten, aufsteigende Energie.

Hoch aufragende eckige Formen sind typisch für alles, was mit dem Element Holz zu tun hat. Holz gehört in den Bereich des Yang-Prinzips.

754
Feuer

Das Element Feuer symbolisiert Expansion und ein Höchstmaß an Energie, Verbrennen, Licht, Wärme, Sommer und Süden. Spitze und dreieckige Formen werden mit dem Element in Verbindung gebracht, das zum Yang-Bereich gehört.

755
Erde

Das Element Erde symbolisiert die Mitte: Die Energie ist gesetzt und vollendet und wird mit dem Übergang von einer Jahreszeit zur nächsten assoziiert. Stabilität, Sicherheit, Geborgenheit sind die entsprechenden Eigenschaften, flache Rechtecke oder Kuben die entsprechenden Formen. Bevorzugte Richtungen sind die Mitte, der Südwesten und der Nordosten. Yin und Yang stehen in einem ausgeglichenen Verhältnis.

756
Metall

Das Element Metall steht für Reife, Einkehr und Stabilität, für Herbst und Erntezeit, für nach innen gekehrte Yin-Energie. Runde oder halbrunde Formen werden dem Element zugeschrieben.

757
Wasser

Wasser umfasst alles Fließende vom Nebel bis zu den Meeren. Zum Wasser gehören Winter, Norden, unregelmäßig geschwungene Formen. Wasser ist ein Symbol für sich auflösende Yin-Energie.

758

Zugeordnete Eigenschaften und Gegenstände, die weiter reichende Interpretationen erlauben:

Wasser	Holz	Feuer	Erde	Metall
Schwarz/Blau	Grün	Rot	Gelb	Weiß
Wasserspiel	Pflanze	Kerzen	Statue	Uhr
Aquarium	Stuhl	Pyramide	Tontopf	Kristall
Glas	Musik	Pferd	Hund	Huhn
Norden	Osten	Süden	Zentrum	Westen
Kälte	Wind	Hitze	Nässe	Trockenheit
Angst	Zorn	Freude	Vernunft	Liebe

759

Jedes Element ist bestimmten Bereichen des Ba-Gua zugeordnet:

Karriere	Wasser
Beziehungen	Erde
Vorfahren/ Familie	Holz
Reichtum	Holz
Gesundheit	Erde
Förderer	Metall
Kinder	Metall
Wissen	Erde
Ruhm	Feuer

760

Das **Ba-Gua-Schema** ist eigentlich achteckig, wird in der vereinfachten Form jedoch als Quadrat dargestellt. Jedes der acht äußeren Felder entspricht einem Trigramm, das wiederum mit einem bestimmten Bereich unseres Lebens verbunden ist, man spricht auch von »Lebenswünschen«. Sie können also mit Hilfe des Schemas feststellen, welcher Raum welchem Lebenswunsch entspricht bzw. Aussagen über den Zustand bestimmter Lebensbereiche treffen. In der Mitte befindet sich das Zentrum bzw. der Bereich der Gesundheit, der sein Qi in alle anderen Bereiche abgibt.

Reichtum 4	Ruhm 9	Beziehungen 2
Familie 3	Tai Ji Gesundheit 5	Kinder 7
Wissen 8	Karriere 1	Förderer 6

761

Sie können das Ba-Gua-Schema auf Ihr gesamtes Grundstück, den Garten, das Haus oder einzelne Räume auflegen. Sie sollten dabei bedenken, dass die Ziffer 1 bzw. der Bereich Karriere immer nach Norden weist und die Ziffer 9 bzw. der Bereich Ruhm im Süden liegt.

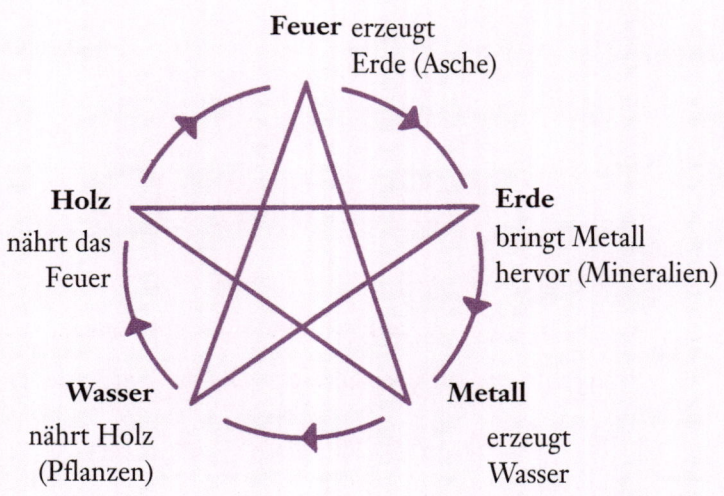

Feuer erzeugt
Erde (Asche)

Holz
nährt das
Feuer

Erde
bringt Metall
hervor (Mineralien)

Wasser
nährt Holz
(Pflanzen)

Metall

erzeugt
Wasser

762
Der produktive Kreislauf

Feuer   Feuer schmilzt Metall

Holz
Holz zerstört
(entkräftet) die
Erde

Erde
Erde zerstört Wasser
(macht es schlammig)

Wasser
Wasser löscht Feuer

Metall
Metall zerschneidet
Holz

763
Der zerstörende Kreislauf

Feuer   zu viel Feuer verbrennt Holz

Holz
zu viele Bäume
verbrauchen
Wasser

Erde
zu viel Erde und
Asche ersticken
das Feuer

764
Der schwächende Kreislauf

Wasser
Wasser lässt
Metall rosten

Metall

Metall lässt Erde zu
Stein werden

765

1 – Karriere

In diesem Feld erfahren Sie etwas über sich, Ihren Lebensfluss, die Selbsteinschätzung. Wie nah oder wie weit entfernt sind Sie Ihrer Bestimmung in beruflicher und privater Hinsicht? Es kann auch etwas über Ihre Fähigkeit zu geschäftlichen Verhandlungen und über ihre Stellung in der Gesellschaft aussagen. Es empfiehlt sich, diesen Bereich geschmeidig-fließend zu gestalten.

766

2 – Beziehungen

Hier spiegeln sich Beziehungen aller Art: zu Ihrem Partner, Freunden, Kollegen, Geschäftspartnern und Nachbarn. Wenn hier Unordnung herrscht oder Pflanzen sterben, sollten Sie sich sofort um Ihre sozialen Kontakte kümmern.

3 – Vorfahren/Familie

In diesem Feld geht es um Ihre Vergangenheit, Ihre Wurzeln, Ihre Vorfahren und um das Verhältnis zu Ihren Eltern. Schwierigkeiten und Hemmungen in diesem Bereich deuten darauf hin, dass Sie ungeklärte Beziehungen und Verhältnisse in der Familie möglichst schnell klären sollten.

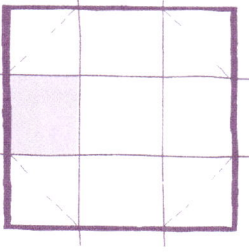

767

4 – Reichtum

Dieser Bereich verrät Ihnen etwas über Ihre Fähigkeiten, geistigen und materiellen Wohlstand zu schaffen und zu erhalten.

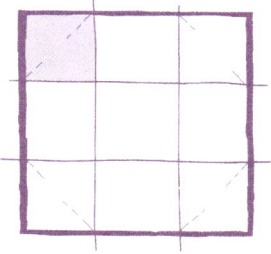

768

769

5 – Gesundheit/Zentrum

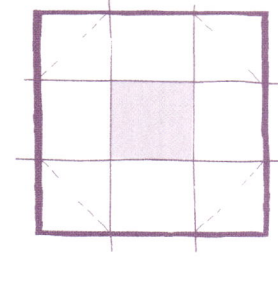

Wohlergehen und Vitalität strahlen vom Zentrum aus in die anderen Bereiche. Je besser es Ihnen gelingt, hier Energien zu sammeln, ohne deren Fluss zu gefährden, umso positiver wird sich das auf die anderen Bereiche auswirken.

770

6 – Förderer

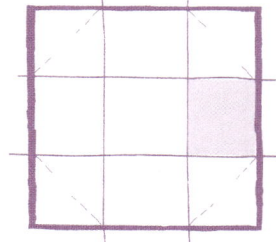

Nach chinesischer Tradition gehört dieses Feld den Geistern und Göttern. Es steht für all jene, die in der Not mit Hilfe, Schutz und Unterstützung zur Seite stehen.

771

7 – Kinder

Hier spiegeln sich Kreativität und Aktivität, ebenso Hobbies wider. Wenn Sie das Gefühl haben, unkreativ und ideenlos zu sein, sollten Sie an dieser Stelle etwas ändern. Das Feld gibt auch Auskunft über Ihr Verhältnis zu Kindern allgemein.

772

8 – Wissen

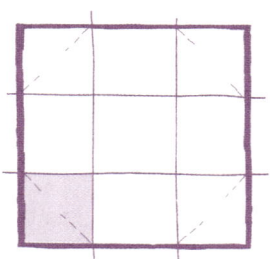

Erziehung und Intuition, also höheres Wissen, werden hier gleichermaßen zugeordnet. Wie offen sind Sie für Neues? Wie reagieren Sie auf Neues? Schaffen Sie in diesem Bereich Raum für Besinnung, zur Meditation und schalten Sie hier vom Alltag ab!

773

9 – Ruhm

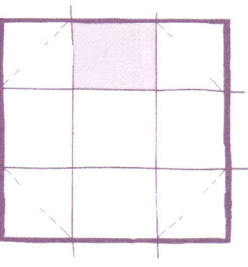

Dieser Bereich steht für Ihr Ansehen in der Öffentlichkeit und unter Freunden. Wie Sie wahrgenommen werden, hängt natürlich auch von Ihrer inneren Reife und Ausstrahlung ab, die sich hier ebenfalls widerspiegeln.

Grundregeln & Hilfsmittel

774

Auf der Welt gibt es nichts, was sich nicht verändert, nichts bleibt ewig so wie es einst war.
Zhuang Zi

775

Ein Haus atmet. Durch Türen und Fenster dringt Qi ein und sollte möglichst frei durch den Raum zirkulieren. Unordnung, gerade Linien oder spitze Ecken und Kanten können Feng Shui negativ beeinflussen.

776

Unordnung im Haus verweist auf ein Leben, das aus den Fugen geraten ist. Behindert über längere Zeit ein Stapel alter Zeitungen oder ein Haufen ungebügelter Wäsche diesen Fluss, kann sich in diesem Bereich der negative Einfluss von Sha Qi manifestieren und man fühlt sich müde und bedrückt.

Ein voll gestopfter Eingangsbereich deutet darauf hin, dass Sie sich Neuem verschließen, Unordnung unter dem Bett lässt sie nachts nicht zur Ruhe kommen. Ebenso hemmt es, wenn Sie das Begleichen einer Rechnung oder ein unangenehmes Gespräch vor sich herschieben. Kontrollieren Sie einmal Ihre Taschen. Abgerissene Kinokarten, Bonbonpapier oder alte Kassenbons? Weg damit!

777

Klang

Der Klang eines Windspiels kann beruhigen. Er zeigt an, dass Qi fließt. Der beste Platz liegt außerhalb der Wohnung, also vor dem Fenster, auf dem Balkon oder im Garten.

778

Lange Geraden

Lange Geraden wirken negativ. Sie beschleunigen das Qi, das durch sie hindurch rast anstatt zu verweilen. Lange gerade Flure in der Wohnung können zu Qi-Beschleunigern werden.

779
Scharfe Kanten

Scharfe Kanten erzeugen Sha Qi, das sich negativ auf den Menschen auswirken kann. Gerade das Bett sollte nicht in der Nähe solcher Kanten aufgestellt sein. Kaufen Sie Möbel mit gerundeten Kanten. Wo sich Kanten nicht vermeiden lassen, sollten Sie Pflanzen davor stellen.

780
Spiegel

Spiegel sind das alltäglichste Hilfsmittel des Feng Shui. Achten Sie auf günstige Spiegelbilder wie Bäume. Ein Raum kann durch einen günstig gehängten Spiegel größer erscheinen, was das Qi positiv beeinflussen kann.

781

Achten Sie darauf, dass die Spiegel nicht getönt, an einer Stelle blind oder gesprungen sind. Auch Spiegelfliesen sind nicht zu empfehlen.

782
Hilfsmittel

Um Qi positiv zu beeinflussen und die entsprechenden Lebenssituationen dadurch zu verbessern und harmonisch zu gestalten, stehen uns einige Hilfsmittel zur Verfügung. Sie machen allerdings nur dann Sinn, wenn Sie vor der Anwendung genau analysiert haben, was Sie verändern bzw. beeinflussen möchten. So wie ein Windspiel Qi nicht beeinflusst, sondern lediglich zu erkennen gibt, dass es fließt, sollte man sich auch bei der Anwendung von Spiegeln genau überlegen, ob Sha Qi abgewehrt oder Qi verstärkt werden soll.

783
Konkave Spiegel

Konkave Spiegel haben die Eigenschaft, Licht zu sammeln und zu fokussieren. Wenn Sie in einen solchen Spiegel blicken, werden Sie nur Ihr Gesicht erkennen. Es bietet sich deshalb an, Qi damit zu konzentrieren. Aber Achtung: Sie können natürlich auch Sha Qi bündeln, deshalb sollten Sie genau erkunden, wie Sie den Spiegel am günstigsten hängen.

784

Ba-Gua-Spiegel

Ba-Gua-Spiegel haben einen achteckigen Rahmen mit einem kleinen runden Spiegel. Sie sind normalerweise eher klein und unaufdringlich, auf dem Rahmen sind die acht Trigramme aufgemalt.

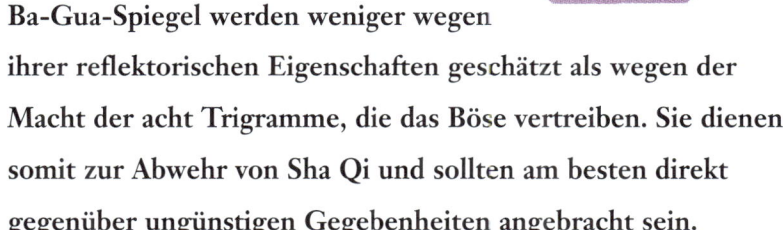

Ba-Gua-Spiegel werden weniger wegen ihrer reflektorischen Eigenschaften geschätzt als wegen der Macht der acht Trigramme, die das Böse vertreiben. Sie dienen somit zur Abwehr von Sha Qi und sollten am besten direkt gegenüber ungünstigen Gegebenheiten angebracht sein.

785

Achteckige Spiegel

Achteckige Spiegel, die aus reflektorischen oder dekorativen Gründen aufgehängt werden, können dem Verwendungszweck entsprechend auch größer ausfallen. Sie finden sich häufig im Eingangs- bzw. Empfangsbereich einer Wohnung oder eines Zimmers.

786

Auch polierte Objekte, spiegelnde Kugeln oder ein Gong können als Spiegel fungieren.

787

Konvexe Spiegel

Konvexe Spiegel haben die Eigenschaft, Licht zu zerstreuen. Wenn Sie in einen solchen Spiegel sehen, werden Sie nicht nur Ihr Gesicht, sondern den ganzen Raum sehen, in dem Sie sich befinden. Sie bieten sich daher vor allem an, um Sha Qi abzulenken und verpuffen zu lassen.

788

Liegen sich zwei Fenster oder Tür und Fenster direkt gegenüber, entwischt Qi auf direktem Wege. Auch hier können Sie durch Möbel, Pflanzen, Lampen oder Mobiles den Fluss des Qi ablenken und im Raum halten.

789
Kristalle

Wenn Sie einen Kristall zur Verbesserung des Qi-Flusses anwenden wollen, achten Sie darauf, dass sein Strahl auf die Stelle gerichtet ist, die Sie kräftigen möchten.

790
Wasser

Wasser sammelt Energie. Ein kleiner Springbrunnen im Zimmer oder im Garten kann erfrischend und reinigend wirken.

791
Energiefluss

Mobiles oder andere sich bewegende Objekte zeigen den Energiefluss an und zerstreuen Qi gleichzeitig in verschiedene Richtungen. Sie sind überall dort hilfreich, wo Sie Qi umleiten möchten.

792

Auf keinen Fall sollte der Kristall bewegt werden, da die Gefahr besteht, dass er »aus der Bahn geworfen wird«.

793
Schwere Objekte

wie Statuen aus Stein können Unsicherheiten beseitigen. Über einem unbewohnten Raum kann ein schweres Objekt die Erdverbundenheit wiederherstellen.

794

Sie können Kristalle auch in dunklen Räumen anwenden, indem Sie sie in einen Durchgang hängen, von dem noch natürliches Licht ausgeht. Durch die Glasprismen wird das Licht gestreut und an Wände geworfen, die zuvor im Dunkeln lagen. Das aktiviert die Energie.

795

Es spielt keine Rolle, ob Sie einen Diamanten, einen Kristall aus Glas oder aus Plastik verwenden, solange es sich um eine klare, geschliffene Kugel handelt.

Farbsymbolik

796 Farben

Farben schaffen Atmosphäre und rufen eine bestimmte Wirkung hervor; sie geben Energie oder wirken dämpfend, gleichgültig, ob es um die Gestaltung unseres Heims mit Tapeten, Teppichböden und Wohnaccessoires oder um unsere Kleidung geht. Farbkombinationen variieren diese Wirkung. Grundsätzlich gilt: je kräftiger die Farbe, desto weniger braucht man, um einen Effekt zu erzielen.

797 Braun

Braun lässt auf Verlässlichkeit, praktische Veranlagung und Erdverbundenheit schließen. Die Farbe Braun hilft den Menschen, die zu Konfusion neigen, eine leidenschaftslose, ruhige Atmosphäre herbeizuführen. Achtung: Langsame und bedächtige Menschen sollten Braun meiden, da es auf sie nahezu lähmend wirkt.

798 Grün

Grün ist eine ungemein vielseitig zu interpretierende Farbe, so dass mehrere Schattierungen erwähnt werden sollen. Auf der einen Seite symbolisiert die Farbe Gleichgewicht, Harmonie und Frieden, kombiniert mit Rot ist es die Farbe des Wachstums; sie fördert Heilung, lindert Sorgen und strahlt Ruhe aus. Reiselust und – Vorsicht! – Eifersucht werden ebenfalls angeregt. Zu viel Grün bewirkt Stagnation. Das klassische »Krankenhausgrün« unbedingt meiden!

799 Smaragdgrün

Smaragdgrün unterscheidet sich geringfügig in seiner Wirkung von dieser Interpretation: Es wirkt lebendig und anregend, dabei jedoch keinesfalls beunruhigend.

800
Türkis

Türkis gehört in den Yin-Bereich und kommt dem Holz-Qi sehr nahe. Es schafft eine entspannte, aber dennoch lebendige und erhebendeAtmosphäre.

801
Blau

Blau signalisiert Spiritualität, Sorgfalt, Umsicht, Fürsorge, Glaube, Standhaftigkeit, Treue, Vertrauenswürdigkeit und Solidität. Blau »kühlt« und beruhigt, schafft eine harmonische Atmosphäre. Man kann davon ausgehen, dass introvertierte Menschen Blau tragen.

802
Grau

Grau gilt als Farbe der Selbstverleugnung, der Angst und der Depression. Darüber hinaus hat Grau einen ausgesprochen formalen Charakter. Deshalb gilt: Ängstliche Charaktere sollten Grau unbedingt meiden.

803
Rosa

Rosa lässt uns an Romantik und Liebe denken. Fühlen Sie sich krank oder niedergeschlagen? Rosa hat heilende Qualitäten, Rosa wärmt und tröstet. Wie wäre es mit einem Blumenstrauß in dieser Farbe, um Ihre Stimmung zu heben? Den dürfen Sie sich auch gern einmal selber schenken!

804
Orange

Orange steht für soziale Aktivitäten, es unterstützt das fröhliche Beisammensein und schafft konstruktive Energie. Selbst in dunklen Bereichen fördert es eine locker-entspannte Atmosphäre. In der Regel fühlen sich Menschen davon angesprochen, die gern mit dem Strom schwimmen.

805

Purpur

Purpur gilt als Farbe der Philo-
sophen und Träumer, der
Mathematiker, Dichter und
Visionäre. Dementsprechend ist
die Konnotation: hohe Ideale,
Loyalität, Wahrheit und Liebe
bringen wir damit in Verbindung.
Purpur gilt als Glück bringend.

806

Weiß

Hier unterscheidet man: In
China ist Weiß die Farbe der
Trauer und wird demgemäß
nicht so häufig verwendet. Im
Westen ist Weiß die Farbe der
Reinheit, der Unschuld, der
Leichtgläubigkeit und der
Offenheit. Wer sich verführen
lassen möchte, trägt Weiß.
Vermeiden Sie zu viel Weiß in
der Wohnung: Es lässt Ihren
Gedanken zwar Raum, sich zu
entfalten, ohne abgelenkt zu
werden, unter Umständen lässt
es Sie aber auch keine klaren
Ansichten fassen.

807

Rot

Rot ist nicht nur die Farbe des
Lebens, sie ist die am stärksten
Glück bringende Farbe.
Automatisch denken wir an
Wachstum, Freude, Passion,
Liebe und Tugend. Man sagt gar,
Rot halte böse Kräfte ab.
Achtung: Rot besitzt besonders
starke Energie und ist deshalb für
gefühlsbetonte und hyperaktive
Menschen nicht geeignet.

808

Violett

Violett steht im Zusammenhang
mit den fünf Elementen sehr nah
zum Element Feuer. Es bringt
Leidenschaft in einen Raum
fördert daher die Geselligkeit.
Je nach Gelegenheit genügen
auch hier bereits einige wenige
Accessoires in dieser Farbe.

809

Gelb

Gelb symbolisiert Kontrolle,
Weisheit, Geduld und Toleranz.
Gelb hat eine sammelnde
Wirkung und regt gleichzeitig
die geistige Energie an.

810
Hellblau

Hellblau sorgt für einen eher gemäßigten Fluss von normalerweise angeregter Energie. Es wirkt leicht beruhigend und sollte im Badezimmer oder in der Küche verwendet werden. Darüber hinaus lässt es Räume mit wenig natürlichem Lichteinfall hell und freundlich erscheinen.

811
Lavendel

Lavendel ist zu blass, um starke Gefühle hervorzurufen, sorgt jedoch für eine mild-stimulierende Aura und wirkt deshalb ebenfalls förderlich in geselliger Runde.

812
Schwarz

Schwarz steht für den Lebensbereich Beruf, es symbolisiert Geld und Macht (mit Pink: soziale Macht, mit Gelb: intellektuelle Macht). Menschen, die viel Schwarz tragen, wünschen sich mehr Aufmerksamkeit. Achten Sie besonders bei nahen Angehörigen oder Freunden darauf!

813
Pink

Eine Modefarbe, die nicht jedem gefällt: Pink verstärkt eine jugendliche, verspielte Atmosphäre. Kleidung in dieser Farbe sollte daher jugendlichen Trägern vorbehalten oder auf wenige Details beschränkt bleiben.

814
Apricot

Ein blasses Apricot steht der Erdenergie, dem Mittelpunkt, am nächsten und eignet sich vorzüglich zur Gestaltung des Schlafzimmers, da es Wärme und Gemütlichkeit ausstrahlt. In einem etwas kräftigeren Ton wirkt es auch im Wohnzimmer warm und einladend.

815
Farbwahl

Nicht nur zu Hause können Sie durch die Farbwahl eine Menge bewirken – auch im Umgang mit anderen Menschen kommen Sie mit Ihren Absichten leichter zum Ziel, wenn Sie den gewünschten Effekt planen: Tragen Sie eine Kombination von Rot und Schwarz, wenn Sie auf der Suche nach einer leidenschaftlichen Beziehung sind und dies zum Ausdruck bringen wollen!

816
Schwarz mit Gelb

Sind Sie auf der Suche nach einem neuen Partner und bevorzugen Sie eine intellektuell geprägte Beziehung? Entscheiden Sie sich für Kleidung in Schwarz mit Gelb, wenn Sie einen entsprechenden Partner auf sich aufmerksam machen wollen.

817
Purpur mit Schwarz

Purpur zusammen mit Schwarz sind die Farben der eher spirituellen Beziehung – ein Tuch oder eine Tasche in Purpur reichen dabei völlig aus, um Ihrem Gegenüber Ihre Einstellung zu vermitteln.

818 Kombinationen

Farben können nicht nur kombiniert auftreten, sondern auch in Mustern verwendet werden. Die Basismuster stehen ebenfalls in enger Verbindung mit den fünf Elementen:

unregelmäßige Muster	Wasser
vertikale Streifen	Holz
Sterne	Feuer
Karos	Erde
runde Formen	Metall

819 Zimmerdecken

Zimmerdecken sollten niemals dunkel getönt sein – sie lähmen jede Energie und bedrücken die Bewohner im wahrsten Sinne des Wortes. Selbst der Einsatz von entsprechender Beleuchtung und Feng-Shui-Hilfsmitteln kann in diesem Fall nur bedingt Linderung verschaffen.

820

Ist eine Farbe mit Illustrationen kombiniert, werden Effekte verstärkt. Achten Sie bei bildhaften Mustern (Blumen, Früchte, Tiere) oder symbolträchtigen Abbildungen (Sterne, Sonne, Mond) unbedingt darauf, dass die Motive positive Assoziationen in Ihnen hervorrufen! Vor allen Dingen Tapeten sollten mit Bedacht ausgewählt werden.

821

Sie sind müde, wollen aber dennoch Ihrer Kreativität einen Schub verleihen? Setzen Sie Akzente, indem Sie sich mit leuchtenden Farben umgeben – Details wie Kissen, ein Bild, eine Tischdecke, eine Kerze oder ein Blumenstrauß reichen dabei völlig aus.

Licht

822

Licht spielt eine wichtige Rolle für unser Wohlbefinden. Doch auch hier gilt, dass zu viel nicht gut ist. Das gilt sowohl für natürliches wie für künstliches Licht.

823

Leuchtstofflampen

Vermeiden Sie Leuchtstofflampen, denn ihr Flimmern hat negativen Einfluss. Kerzen hingegen sammeln Energie und sind wesentlich angenehmer.

824

Achten Sie darauf, dass ein Raum nicht zu viele natürliche Lichtquellen hat. Über sie kann Qi nämlich nicht nur eindringen, sondern auch schnell entweichen. Wenn bereits durch die Fenster genug Licht in einen Raum fällt, kann es durchaus sinnvoll sein, die Tür geschlossen zu halten oder ein Fenster abzudunkeln, da die Raummitte sonst im Dunkeln liegt oder dunkle Ecken entstehen – ein Zeichen dafür, dass Qi zu schnell abfließt.

825

Licht kann Ihnen helfen, einen Lebensbereich zu aktivieren, dem nach dem Ba-Gua-Schema nicht ausreichend Beachtung geschenkt wird.

826

Achten Sie darauf, wie Sie Ihre Lichtquellen ausrichten. Licht fällt in der Regel nach unten, deshalb kann es in manchen Fällen sinnvoll sein, den Raum, eine Skulptur oder ein Möbelstück auch von unten zu beleuchten, um Schatten zu vermeiden.

827

Der Eingangsbereich eines Hauses oder einer Wohnung sollte niemals zu dunkel sein, um einströmende Energieflüsse nicht zu behindern. Ist der Flur zu klein und verfügt über keine natürliche Lichtquelle, setzen Sie Deckenstrahler und Spiegel ein, die den Raum optisch erweitern und heller erscheinen lassen. So bieten Sie auch Ihren Gästen einen freundlicheren Empfang!

828

Lampenschirme leiten das Licht nach unten und nach oben. Sorgen Sie dafür, dass die Lichtstrahlen nicht direkt in Augenhöhe liegen, da Sie sonst geblendet werden.

829

Lampenschirme aus Metall, Glas oder anderem reflektierenden Material schaffen eine weniger entspannte Atmosphäre. Wählen Sie Lampenschirme aus Stoff oder Papier.

830

Lampen dürfen niemals direkt über Ihrem Kopf hängen, sie wirken bedrückend und verursachen unter Umständen sogar Unwohlsein aufgrund des Elektrosmogs. Leuchtstoffröhren sollten Sie unbedingt vermeiden, da sie in einer Frequenz flimmern, die zu Kopfschmerzen führen kann.

831

Idealerweise gibt es genügend Tageslicht am Arbeitsplatz, da sonst keine Energie fließt. Abends empfiehlt es sich, nur den Arbeitsplatz zu beleuchten, den Rest des Raumes aber in gedämpftem Licht zu belassen. Die gezielt eingesetzte Lichtquelle fördert die Konzentration.

832

Licht kann dazu beitragen, Qi in einem Raum zu aktivieren. Vor allen Dingen Lichtspots eignen sich hervorragend dazu, dunkle Ecken gezielt auszuleuchten und Qi fließen zu lassen. Man vermeidet so eine drohende Stagnation des Energiestroms und verhindert gleichzeitig Orientierungslosigkeit und Bedrücktheit in uneinsehbaren Bereichen der Wohnung.

Praxisteil

833

Das ideale Heim oder den idealen Arbeitsplatz gibt es nicht. Feng Shui zeigt aber, wie man trotz starrer Rahmenbedingungen mit einfachen Mitteln dem Ideal etwas näher kommen kann, wie durch die Wahl der richtigen Materialien, durch den richtigen Standort oder durch Hilfsmittel wie Pflanzen, Farben, Spiegel oder Licht das Qi unseres Umfeldes optimiert wird. Was sollten Sie bei der Einrichtung und Gestaltung der einzelnen Räume und Lebensbereiche vermeiden? Am wichtigsten sind Sauberkeit und Ordnung. Voll gestopfte Räume blockieren, Energie kann nicht fließen. Bevor Sie den Ist-Zustand detailliert analysieren, beginnen Sie mit der Beseitigung der Unordnung.

835

Wirkung und Ergebnisse

Es kann sein, dass Sie die Wirkung selbst zunächst nicht einmal bemerken, denn es handelt sich um einen längeren Prozess. Sie fühlen sich mehr und mehr gelöst, können besser durchschlafen oder Freunde halten Ihre letzte Party für besonders gelungen ...

834

Checkliste:

- Verpflichten Sie sich, der Unordung zu Leibe zu rücken.
- Setzen Sie einen Tag fest, an dem Sie Ihre Aufräumaktion beginnen, und notieren Sie diesen Tag in Ihrem Kalender.
- Setzen Sie sich ein realistisches Ziel: Beschließen Sie vorab, wieviel Sie in Angriff nehmen und schaffen wollen.
- Legen Sie Müllbeutel und Kartons zurecht.
- Arbeiten Sie bei geschlossener Tür.
- Bevor Sie beginnen, setzen Sie sich einige Minuten hin und entspannen Sie sich.
- Arbeiten Sie von oben nach unten.
- Haben Sie von allem viel zu viel? Trennen Sie sich, auch wenn es schwer fällt! Entscheiden Sie beim Wegwerfen: Wozu ist der Gegenstand nützlich? Dient er Ihrem Wohlbefinden?
- Eine gute Übung ist, sich jeden Tag von einem Gegenstand zu trennen.
- Kaufen Sie einen neuen Gegenstand nur, wenn Sie sich zugleich von einem alten trennen wollen.

836

In welchen Lebensbereichen hilft Feng Shui?

Ziel der Feng-Shui-Anwendungen ist es, die Energie in Ihrem Umfeld zu erkennen, zu sammeln und zu leiten, um so in allen Lebensbereichen Ausgewogenheit und Harmonie herzustellen – sei es im Beruf, in Bezug auf Ihre Gesundheit, im Umgang mit Ihrer Familie, den Freunden und Kollegen. Feng Shui hilft Ihnen, die nötigen Voraussetzungen dafür zu schaffen.

837

Alle Tipps sofort umsetzen?

Setzen Sie Prioritäten, damit alle Maßnahmen Stück für Stück zu einem harmonischen Ganzen wachsen. Beginnen Sie mit dem Raum, in dem Sie sich am häufigsten aufhalten, wenden Sie sich dem Aspekt Ihres Lebens zu, der Ihnen im Moment am meisten am Herzen liegt.

Beginnen Sie mit Einzelmaßnahmen und Sie spüren bereits eine positive Wirkung. Setzen Sie Ihre Arbeit fort bis zur Vollendung. Nur ein harmonisches Ganzes kann seine Wirkung voll entfalten.

838

Kann man etwas falsch machen?

Sie können sich schützen, indem Sie vor einer »Radikalkur« einen Test durchführen und sich selbst beobachten:

Bevor Sie beispielsweise in Ihrem Schlafzimmer neu tapezieren und neue Vorhänge aufhängen, testen Sie die neue Farbe, indem Sie Kissen in dieser Farbe auf dem Bett bzw. im Raum verteilen – freuen Sie sich an der neuen Farbe auch noch nach mehreren Tagen? Hebt sich Ihre Stimmung? Dann sind Sie auf dem richtigen Weg.

839

Wirkt die Veränderung auf jeden im meinem Umfeld?

Die Veränderungen, die Sie vornehmen, sind ganz persönlich auf Sie zugeschnitten, so dass Sie selbst die optimale Wirkung spüren werden. Trotzdem wird jeder, der sich in Ihrer Wohnung oder Ihrem Büro aufhält, die positive Wirkung in abgeschwächter Form spüren.

Praxisteil
EINGANGSBEREICH

840

Haben Sie einen Vorgarten oder einen anderen Zugangsbereich von der Straße zu Ihrem Haus, sollte der Weg nicht gerade auf den Eingang zuführen, sondern einen leicht gewundenen Verlauf haben; zur Straßenseite sollte er dabei breiter sein und sich zum Haus hin verengen; vorteilhaft sind auch Wege in U-Form bzw. ein Beet in der Mitte des Vorplatzes. Damit wird verhindert, dass Energie unkontrolliert und ungebremst auf den Eingangsbereich prallt. Qi geht schnell auf weiten Auffahrten verloren. Lampen am Eingang helfen, den Energiestrom zu kanalisieren.

841

Auch im Eingangsbereich des Hauses ist Sauberkeit das oberste Gebot: Im Eingangsbereich deponierte Gegenstände wirken als Blockade und hindern glückliche Gelegenheiten, bis zu Ihnen vorzudringen. Außerdem machen sie auf mögliche Besucher nicht gerade einen einladenden Eindruck.

842

Hat Ihr Vorgarten einen Zaun oder eine Hecke mit einem Tor? Glück bringend ist ein Gartentor aus Metall mit nach oben weisenden Abschlüssen im äußeren Bereich. Betonkugeln oder Schmuckfiguren auf den Torpfosten haben außerdem eine schützende Wirkung. Dabei ist es völlig gleichgültig, ob Sie auf klassische chinesische »Wächterfiguren« wie Drachen zurückgreifen oder auf moderne Terracotta–Figuren Ihrer Wahl. Wichtig ist, dass die Figuren nach vorn schauen.

843

Vordächer bieten zwar Schutz vor Witterungseinflüssen und lassen den Eingangsbereich »kompletter« aussehen, halten aber aufgrund ihrer scharfen Kanten gutes Qi ab und beschießen Ihr Haus mit »Giftpfeilen« – verzichten Sie lieber darauf und wählen Sie günstigere Gestaltungsmöglichkeiten!

844

Wasser vor dem Haus zieht günstige Gelegenheiten an. Falls machbar, sollte ein kleiner Teich oder Springbrunnen im Vorgarten nicht fehlen. Ist der Teich zu nahe am Haus gelegen, sollte ein schmaler gewundener Pfad vom Haus dorthin führen, um die Entfernung größer erscheinen zu lassen. Die Materialien der Wege oder des Platzes sollten freundlich, aber unauffällig sein. Eine Fläche aus hellem Kies beispielsweise ist pflegeleicht und erzeugt positive Assoziationen an das Glück bringende Meer.

845

Leben Sie in einem Mehrfamilienhaus, sollten Sie darauf achten, dass das Treppenhaus gut beleuchtet ist: Dies schafft nicht nur einen freundlichen Empfang für Heimkehrende und Besucher – positive Energie breitet sich damit bereits im Eingangsbereich aus. Das gleiche gilt für den Außenbereich Ihres Hauses: Eine nicht zu helle Lampe vor dem Haus fördert positives Qi. Sie sollte jedoch nicht zu dicht an der Eingangstür angebracht sein, um den Energiefluss nicht zu irritieren.

846

Abwasserkanäle oder frei sichtbare Abflussrohre werden mit Gittern abgedeckt, damit sie nicht verschmutzen und damit ungünstige Energie anziehen. Die Gitter werden mit hübsch bepflanzten Blumenkübeln bedeckt, damit möglicherweise aufsteigendem Sha entgegengewirkt wird.

847

Haustür

Durch die Haustür gelangt der Hauptstrom der Energie hinein oder heraus; sie ist die wichtigste Verbindung zwischen Heim und Außenwelt. Die Tür sollte senkrecht stehen, auf keinen Fall klemmen oder quietschen, sondern leicht zu öffnen und zu schließen sein, damit die Harmonie der Hausbewohner nicht gefährdet wird.

848

Die Eingangstür eines Hauses sollte niemals der Ecke eines gegenüberliegenden Gebäudes gegenüber liegen, die wie eine schneidende Klinge auf die Tür weist. Negatives Sha wäre die Folge. Ebenso sollte Ihre Eingangstür nicht auf einen Spalt zwischen zwei gegenüberliegenden Häusern weisen: Kapital könnte durch diese Lücke abfließen, wenn Sie nicht durch eine künstliche Barriere (z.B. eine Hecke) Abhilfe schaffen.

849

Tragen Sie Sorge, dass Metallgegenstände an Ihrer Haustür wie Briefkasten, Hausnummer, Beschläge, Türgriff oder -knauf stets poliert sind. Nur spiegelblanke Metallgegenstände können negative Energie abweisen.

850

Besonders wichtig ist die Beschaffenheit der Haustür. Der Lack einer Holztür sollte frisch und glänzend sein: Das macht auf Besucher nicht nur einen gepflegten ersten Eindruck, sondern kann auch zu immer währendem Geldfluss beitragen. Eine Haustür darf niemals durchgehend, sondern höchstens zur Hälfte aus Glas bestehen, da sonst zu viel Energie ein- und ausströmen kann. Fenstersprossen oder eine zarte Gardine können Abhilfe schaffen. Hängen Sie zusätzlich einen Kristall ins Fenster.

851

Fenster

Fenster neben der Haustür könnten sich ungünstig auswirken. Hier helfen Vorhänge oder eine Pflanze mit runden Blättern, um das unkontrollierte Eindringen unvorhergesehener Ereignisse zu verhindern. Gibt es Fenster in der Nähe des Eingangsbereiches, die auf Einbrecher einladend wirken könnten? Dann können Sie durch Kakteen Abhilfe schaffen. Der negative Einfluss der stacheligen Pflanze, der im Beziehungsbereich vermieden werden soll, kommt hier gerade gelegen!

852

Die Haustür sollte mindestens so groß wie die Zimmertüren sein, die Proportionen müssen stimmig sein. Damit ist gewährleistet, dass möglichst viel Qi ins Haus strömen kann. Vermeiden Sie der Haustür gegenüberliegende Fenster oder Terrassentüren, damit der Energiestrom nicht einfach »durchrauscht«. Hinter der Haustür sollte sich möglichst ein Vorraum befinden.

853
Klingel

Elektrische Klingeln verbreiten Elektrosmog und erzeugen ein disharmonisches Qi. Zu empfehlen sind dagegen Glocken, die mit weichen Klangfarben die Atmosphäre reinigen.

854

• Wie ergeht es Ihnen, wenn Sie sich bewusst Ihrer Eingangstür nähern?

• Woran gehen Sie vorbei und wie sind die Gegenstände angeordnet (hoch, niedrig, nahe)?

• Ist der Zugang einfach zu finden? Gibt es klare Begrenzungen der Wege?

• Nehmen Sie bewusst Geräusche, Gerüche und Anblicke wahr?

• Stellen Sie sich vor, dies ist Ihr erster Besuch: Wie fühlen Sie sich?

• Und was erwarten Sie von der Wohnung/ dem Haus, die/das Sie betreten werden?

Die Antworten auf diese Fragen geben Ihnen Aufschluss über die Qualität des Qi in Ihrem Heim.

855
Aspekte der Lage der Haustür

• Osten: Wachstum, Gesundheit, Unternehmungslust

• Südosten: eindeutiger Schwerpunkt: Finanzen

• Süden: finanzieller Erfolg, Glück, Freundschaft

• Südwesten: Beziehungen; hängen Sie vorsichtshalber ein Windspiel auf, um Krankheiten abzuwenden.

• Westen: ein ruhiger, aber beständiger Energiefluss ist gewiss, gute Gelegenheiten finden leicht Zugang.

• Nordwesten: Fleiß, Energie und Reiselust der Bewohner, Vorsicht: Geld zusammenhalten!

• Norden: Wohlstand, dennoch dringt kalte Energie ein, die lähmt.

• Nordosten: Wissen und Bildung, Geister von Vorfahren können eindringen – aufgehängte Ba-Gua-Spiegel können Abhilfe schaffen.

856
Flur

Ein langer, schmaler und auch noch dunkler
Flur sorgt für den denkbar ungünstigsten
Energiefluss: zu schnell und unkontrolliert.
Positionieren Sie Pflanzen abwechselnd an
beiden Wänden, um Qi zu bremsen und Zirkulation zu erzeugen. Spiegel und eine ge-
dimmte Deckenbeleuchtung tun ein Übriges.

857
Treppen

Treppen im Innenbereich des Hauses oder der
Wohnung sollten nicht direkt zur Haustür führen
– wie leicht wird die Energie auf diese Weise
wieder aus dem Haus geleitet! Wendeltreppen
sind reines Gift: Sie bohren sich in den Kern des
Hauses und leiten Energieströme durch ihre
Windungen beschleunigt aus dem Wohnbereich.

858
Diele

Die Diele sollte idealerweise hell oder zumindest gut beleuchtet,
nicht zu eng und auf jeden Fall aufgeräumt sein. Qi braucht Raum,
um sich ausbreiten zu können und seine positive Wirkung zu
entfalten. Ist die Diele zu klein oder noch dazu
dunkel, kann mit Hilfe eines Spiegels die
Illusion von mehr Raum erzeugt werden. Der
erste Anblick sollte zudem ein ästhetischer
sein – dekorieren Sie die Diele als Visitenkarte
des Heims sparsam und geschmackvoll.

859

*Nach Wissen suchen, heißt
Tag für Tag dazu gewinnen.*
(Lao Zi)

Praxisteil
WOHNBEREICH

860
Wohnzimmer

Das Wohnzimmer ist oft der zentrale Raum einer Wohnung. Hier werden Gäste empfangen, und hier findet das Familienleben statt. Wärme und Bequemlichkeit, Helligkeit und Freundlichkeit sind hier erforderlich. Da sich meistens mehrere Menschen gleichzeitig in diesem Zimmer aufhalten, darf kein Aufwand zu hoch sein, um eine harmonische Atmosphäre zu fördern.

861
Platz

Ausreichend Platz ist unabdingbar für einen idealen Wohnraum: Das Zentrum des Raumes sollte frei bleiben. Qi muss um die Möbel herum zirkulieren. In überfüllten Räumen stagniert Qi – Sie selbst fühlen sich nicht wohl, sondern beengt. Deshalb ist die Devise: nicht zu viele und keine sperrigen Möbelstücke.

862
Sitzecken

Gut gestaltete Sitzecken fördern die Geselligkeit. Entscheiden Sie sich für mehrere Einzelsitze anstatt für ein großes Sofa. Alle Sofas und Sessel sind in die Mitte des Raumes ausgerichtet. Sofas stehen unbedingt mit dem Rücken zur Wand. Sitzplätze sollten niemals mit dem Rücken zum Fenster oder zur Tür zeigen; dies fördert die Unsicherheit, da man keine Kontrolle über ein- oder austretende Personen hat. Sitzen Sie dort, wo man den gesamten Raum im Blick hat. Niemals gehören Sitzmöbel diagonal in eine Ecke – die Wände würden den Sitzenden schier erdrücken.

863
Der Fernseher

Elektrische Geräte verströmen ein negatives Qi und dies sogar, wenn sie bereits ausgeschaltet sind. Um den schädlichen Strahlungen zu entgehen, gilt besonders für den Fernseher: Er sollte niemals in der Nähe der Sitzecke stehen, sondern völlig getrennt davon. Um negative Energie zu absorbieren, ist es ratsam, eine Pflanze oder ein Aquarium neben das Gerät zu stellen. Am besten wird die schädliche Wirkung der elektromagnetischen Wellen reduziert, wenn sich der Fernseher in einem verschließbaren Schrank befindet.

864
Fußboden

Der geeignetste Fußbodenbelag ist Parkett; verströmende Holz-Energie sorgt für angenehm gleichmäßigen Energiefluss. Bei der Wahl von Teppichen beschränkt man sich am besten auf Brücken oder Vorleger, um den Energiefluss nicht zu unterbrechen. Ein Teppichboden ist aus diesem Grund nicht zu empfehlen.

865
Tapeten

Wählen Sie für die Farbgestaltung des Wohnzimmers helle, einladende Töne wie Crème oder Gelb. Warm und wohnlich wirken Rosa, Pfirsich- oder Rottöne und Orange. Vertikale Streifen lassen einen Raum höher wirken. Gemusterte Tapeten sind wie geschaffen für Wohnräume, deren Bestimmung nur der Entspannung und Erholung vorbehalten bleibt.

866

Als Beleuchtung für das Wohnzimmer sorgt das indirekte Licht von Stehlampen oder Deckenflutern für aufwärts strebende Energie. Einzelne Kerzen oder Leuchter mit mehreren Kerzen sorgen für eine heimelige, friedliche Stimmung. Sie konzentrieren die Aufmerksamkeit und wirken inspirierend auf Gespräche. Grundsätzlich sollte der Wohnraum immer gut ausgeleuchtet sein.

867 Pflanzen

Pflanzen mit spitzen Blättern (z.B. Yucca) gehören in unbelebte Nischen, auf keinen Fall jedoch neben Sofas oder Sessel, in denen Sie oder Ihre Gäste sitzen. Neben der Verletzungsgefahr, die sie bergen, zerschneiden die stechenden Spitzen positives Qi. Scharfe Kanten von Tischen oder Regalen kaschiert man mit üppigen kleinen Pflanzen mit runden Blättern.

868 Couchtisch

Als Material für den Couchtisch empfiehlt sich Holz. Runde oder ovale Formen regen die Kommunikation an, eckige Formen »trennen«. Tische mit Glasplatten lassen den Raum zwar größer wirken; es entstehen aber unangenehme Geräusche beim Aufsetzen von harten Gegenständen.

869 Lage des Wohnzimmers

- Ein im Südosten liegender Raum ist hell und lebendig und wirkt anregend auf alle Tätigkeiten.
- Eine südliche Lage ist günstig für Partys und größere gesellschaftliche Ereignisse; Entspannung werden Sie hier nicht finden.
- Die südwestliche Lage sorgt für eine beständige, gemütliche Stimmung.
- In nach Westen gelegenen Wohnzimmern finden Sie anregende Unterhaltung, Vergnügen, aber auch Romantik.

Leider kann man die Lage nicht immer selbst bestimmen – verstärken Sie die gewünschte Stimmung mit Hilfsmitteln.

870 Türen und Fenster

sollten sich nicht gegenüber liegen, da die durchziehenden Energieströme verloren gingen. Niedrige Bücherregale, Pflanzen oder ein Paravent gebieten der Energie Einhalt oder binden diese zumindest zeitweilig im Raum.

871
Aquarium

Ein Zimmerspringbrunnen oder ein Aquarium mit Fischen verleiht dem Wohnraum eine lebendige Atmosphäre. Wählen Sie Goldfische oder andere Fische in roter Farbe, da Rot für Glück und Wohlstand steht.

872
Fenster und Vorhänge

Fenster sollten stets sauber geputzt und absolut klar sein, zerbrochene Scheiben werden unverzüglich ersetzt. Einströmendes Sonnenlicht stimuliert den Energiefluss, deshalb sollten Gardinen, Vorhänge oder Jalousien tagsüber geöffnet bleiben bzw. bei zu starkem Sonnenlicht sollte nur eine zarte Gardine vorgezogen werden, die den Lichteinfall mildert. Hängen oder stellen Sie Fenster niemals zu – wie die Haustür sind Fenster der Hauptzugang positiven Qis.
Öffnen Sie mindestens einmal täglich alle Fenster Ihrer Wohnung!

873
Jalousien

Nicht immer kann oder möchte man den Nachbarn Einblick gewähren: Jalousien sind die optimale Lösung für kleine Fenster, sie lassen immer noch viel Licht in den Raum und bieten trotzdem Sichtschutz. Holz hat einen neutralen Effekt auf Qi, Metall wirkt beschleunigend, Kunststoff blockierend. Vorhänge lassen kleine Räume überladen wirken, große hingegen sehr gemütlich. Fensterläden blockieren Licht und Qi völlig. Vertikale Sichtblenden haben eine ähnliche Wirkung wie Jalousien, lassen den Raum jedoch größer wirken.

Praxisteil

KÜCHE

874

Die Einrichtung der Küche will gut überlegt sein. Herd (Feuer) und Spüle (Wasser) gehören zur Grundausstattung, sie sollte funktional und pflegeleicht sein, gleichzeitig gilt es auch, das Verhältnis der fünf Elemente, die hier wie sonst nirgends in der Wohnung aufeinander treffen, auszugleichen.

875

Stellen Sie Herd und Spüle niemals nebeneinander, denn Feuer und Wasser beeinflussen sich negativ und bringen Unglück. Zwischen beiden können Sie zum Beispiel einen Schrank für Töpfe (Metall) aufstellen, der dämpfend wirkt. Auch der Kühlschrank oder eine Waschmaschine sollte nicht neben dem Herd aufgestellt werden.

876

Über dem Herd sollten Sie Töpfe aus Ton (Erde) oder Stahl (Metall) aufbewahren, niemals jedoch Öle oder Kräuter (Holz).

877

Legen Sie keine Teppiche, PVC- oder Linoleumböden in der Küche aus. Steinböden oder Fliesen bringen das Element Erde in den Raum, wodurch der starke Anteil von Holz (Nahrungsmittel), Wasser, Feuer und Metall (Küchengeräte) harmonisch ausgeglichen werden kann.

878

Verwenden Sie niemals Abfalleimer ohne Deckel, und beseitigen Sie Müll regelmäßig, am besten täglich!

879

Die Atmosphäre in der Küche sollte hell und einladend sein, geschlossene Schränke sind besser als offene Regale.

880

Idealerweise sollten Arbeitsflächen und Schränke gerundete Ecken haben.

881

Dunstabzugshauben sollten Sie vermeiden, da sie den Raum »aussaugen«. Statt dessen empfiehlt es sich, ein Fenster zu öffnen, durch das frische Luft in den Raum gelangt und den Fluss von Qi anregt.

882

Messer sollten wegen des negativen Sha Qi, das von ihnen ausgeht, niemals frei hängen oder im Raum liegen. Sie gehören in die Schublade oder einen Messerblock.

Praxisteil
ESSZIMMER

883

Verzichten Sie auf aggressive Symbole, Ecken und Kanten. Bilder mit festlichen Motiven oder von glücklichen Menschen tragen zu einer harmonisch heiteren Atmosphäre bei.

884

Im Esszimmer ist der Tisch der Mittelpunkt des Raumes. Er sollte rund, oval oder achteckig sein, je nach dem, was der zur Verfügung stehende Raum zulässt, niemals jedoch aus Glas.

885

Vom Esszimmer aus sollte man weder die Eingangstür noch die Küche oder das Bad im Blick haben. Ist dies aus architektonischen Gründen nicht zu vermeiden, verdecken Sie den Blick durch Vorhänge, Jalousien oder Perlschnüre.

886

Achten Sie bei Tischdekorationen darauf, dass sie nicht zu hoch ausfallen und dadurch Tischgespräche behindern.

887

Holz ist das geeignete Element für das Esszimmer. Es kann über die Möblierung ins Zimmer gebracht werden. Man sollte jedoch nicht vergessen, dass den Speisen die Aufmerksamkeit gilt, daher dürfen Schränke und Vitrinen nicht überladen wirken.

888

Im Esszimmer können Spiegel – richtig ausgerichtet – einander gegenüberhängen. Durch die hin- und herspringende Energie werden Unterhaltungen belebt.

889

Richten Sie Ihren Arbeitsplatz, wenn möglich, nicht im Schlafzimmer ein.

891

Ein L-förmig gestellter Arbeitsplatz bietet Stellflächen für einen Computer und Arbeits- bzw. Ablagefläche.

Praxisteil
ARBEITSZIMMER & BÜRO

890

Der Schreibtisch sollte so aufgestellt sein, dass Sie mit dem Rücken zur Wand sitzen und Tür und Fenster gleichermaßen im Blick haben. Sie sollten möglichst nicht mit dem Rücken zum Fenster oder zur Tür sitzen.

892

Ein aufgeräumter Schreibtisch erhöht die Konzentration. Ein Kristall oder frische Blumen auf einer Ecke des Schreibtisches wirken anregend.

893

Büro außerhalb

Schon die Lage des Firmengebäudes, in dem Sie arbeiten, verrät eine ganze Menge über die Zukunft des Unternehmens und damit über Ihre persönlichen Entwicklungsmöglichkeiten: Liegt der Eingang des Gebäudes einer schmalen Gasse zwischen zwei größeren Gebäuden gegenüber, droht ein Abfließen des Kapitals, ebenso, wenn das Gebäude an einer Weggabelung liegt.

894

Weist die Ecke eines gegenüberliegenden Gebäudes auf den Eingang, haben wir es mit Sha zu tun: Gewinne werden förmlich zerschnitten, das Arbeitsklima ist unter Umständen nicht gut.

895

Steht das Firmengebäude zwischen größeren Gebäuden eingekeilt oder befindet sich gegenüber ein Hügel, ist der Energiefluss möglicherweise behindert. Günstige geschäftliche Abschlüsse und Profite bleiben aus.

896

Gut beleuchtete und frei zugängliche Flure in einem Bürohaus stellen den freien Fluss positiver Energie zu jedem Büro sicher. Der Zugang zu den Büros der Geschäftsleitung sollte besonders weitläufig und hell sein.

897

Niemals sollte ein Geschäftshaus an der Außenseite einer Kurve liegen, will man verhindern, dass der stetige Fluss des positiven Qi förmlich abgeschnitten wird. Erfolg versprechend ist die Lage an der Innenseite einer Kurve.

898

Alle Aktivitäten in einem Geschäftshaus sollten auf den angemessenen Ebenen eines Gebäudes stattfinden: Führungskräfte sollten auf höheren Etagen zu finden sein als das mittlere Management oder die übrigen Angestellten.

899

Im Büro sind die gleichen Hilfsmittel wie zu Hause willkommen: Pflanzen dienen nicht nur als Sichtschutz, sie verbreiten positives Qi. Spiegel helfen, eintretende Personen sofort wahrzunehmen und können den Raum größer erscheinen lassen. Eine angenehme Beleuchtung wirkt ebenfalls belebend.

900

Ein Blick aus dem Fenster vom Arbeitsplatz mag inspirierend sein, verleitet aber oft nicht nur zum Träumen, er birgt auch die Gefahr der Blendung; angenehmer ist es, die Sonne im Rücken zu haben. Auch im Büro ist die natürliche Lichtquelle die beste, leider ist sie nicht immer gegeben. Abhilfe schaffen außer einer künstlichen Lichtquelle helle, in der Oberfläche leicht schimmernde Möbel und/oder freundliche Bilder in reflektierenden Rahmen, die Ihnen die Sonne ins Büro bringen.

901

Steht Ihr Schreibtisch einem anderen Schreibtisch gegen-über? Erhöhen Sie Ihre Sitz-gelegenheit, um sich auch im übertragenen Sinn zu erhöhen. So sehen Sie auf Ihr Gegenüber »herab« – ein alter Trick, um das Selbstbewusstsein zu stärken! Das gleiche gilt, wenn Besucher oder Kunden vor Ihrem Schreibtisch Platz nehmen.

902

Farbe und Form eines Schreibtisches bewirken viel: Ein großer, solider, dunkler Schreibtisch eignet sich hervorragend für finanzielle Angelegenheiten, ein rechteckiger Schreibtisch aus hellem Holz dient neuen Unternehmungen, ein weißer oder hellgrauer Schreibtisch mit weichen Formen fördert die Kreativität. Die Schreibtischplatte darf niemals zu klein sein.

903

Natürlich ist die Nähe elektrischer Geräte für die Gesundheit nicht unbedingt förderlich; wer viel am Computer arbeitet, wird dem nicht entgehen können. Entfernen Sie jedoch alle elektrischen Geräte, die Sie nicht zur Arbeit benötigen (z.B. Uhren) von Ihrem Arbeitsplatz. Eine Pflanze in der Nähe des Computers wirkt Wunder. Der Computer sollte nicht direkt auf Ihrem Schreibtisch stehen, sondern auf einem seitlich gestellten Computertisch.

904

Auch am Computer heißt es: Weg mit dem Müll! Speichern Sie nur ab, was Sie wirklich brauchen, setzen Sie sich zum Ziel, alle drei Monate einmal gründlich Ihre Daten »auszumisten«.

905

Aufräumen! Schaffen Sie sich intelligente Ablagemöglichkeiten. Nichts wirkt anregender als ein freier Schreibtisch! Aktenstapel blockieren und gehören in Schränke. Gegenstände gemäß ihres Energiegehaltes zu platzieren heißt: Neue Projekte und Entwürfe gehören während der Bearbeitung auf die linke Seite, Rechnungen und Aufstellungen auf die rechte. Die Fläche vor Ihnen bleibt frei.

906

In einem Großraumbüro lassen sich optimale Arbeitssituationen schwieriger realisieren. Was Sie tun können: Versuchen Sie, eine geschützte Position einzunehmen – niemals mit dem Rücken zum offenen Gang oder zum Eingang.

907

Benutzen Sie Ihr persönliches Feng-Shui-Set. Eine Bürotasse, die Sie mögen, eine Pflanze, frische Blumen oder ein Foto Ihrer Lieben in der Nähe des Arbeitsplatzes kann Qi verbessern und Ihre Kreativität beflügeln.

908

Halten Sie Ihre Bürotür immer geschlossen.

Eine offene Tür wirkt sich störend aus, ebenso Regale in Ihrem Rücken, die allen Kollegen zugänglich sind. Gibt es mehrere Türen zu Ihrem Büro, können zwei Qi-Ströme aufeinander prallen. Eine unglückliche Situation, die durch das Aufstellen von halbhohen Regalen oder Pflanzen lediglich gemildert werden kann.

909

Auf Büromöbel können wir die gleichen Kriterien anwenden wie auf die Möbel daheim: Runde Kanten sind zu bevorzugen, da sie kein Sha verbreiten – wo dies nicht möglich ist, kaschieren Sie die Kanten mit einer Pflanze. Ein voll gestellter Raum oder voll gestopfte Regale behindern Ihr Denkvermögen und die Zirkulation von Qi. Schränke und Regale dürfen nicht zu hoch sein.

910

Der Lichtkegel einer hellen Schreibtischlampe hilft, sich konzentriert und mit gesammelter Energie der Arbeit zuzuwenden. Das Licht sollte nicht zu hell oder flackernd, sondern gleichmäßig sein.

911

Achten Sie darauf, dass sich die Bürotür nicht direkt in Richtung auf Ihren Schreibtisch öffnet – das direkt einströmende Qi könnte Sie gelegentlich ein wenig aus der Bahn werfen und gibt Sie dem direkten Einblick preis. Gleichwohl sollten Sie sofort erkennen können, wer Ihr Büro betritt, Sie sollten alles unter Kontrolle haben. Wenn es die Räumlichkeiten erlauben, stellt man seinen Schreibtisch in eine Ecke, so dass man mit dem Rücken zur Wand sitzt.

Praxisteil
SCHLAFZIMMER

912

Einen Großteil seines Lebens verbringt der Mensch im Bett, deshalb sollten Sie der Einrichtung des Schlafzimmers besondere Beachtung zukommen lassen. Oberste Priorität hat das Bett. Achten Sie darauf, dass es weder von der Tür noch vom Fenster aus direkt einzusehen ist, vor allem aber, dass das Fußende nicht direkt zur Tür weist. Wenn der Raum das nicht zulässt, stellen Sie einen Sichtschutz, z. B. einen Paravent, auf.

913

Spiegel im Schlafzimmer gelten als ungünstig. Da die meisten Menschen jedoch einen Spiegel zum Ankleiden im Schlafzimmer aufstellen, sollten Sie ihn vor dem Schlafengehen mit einer Decke oder einem Vorhang verdecken.

914

Schränke und Regale über dem Kopfende und Dachbalken und -schrägen über dem Bett wirken wie eine Last auf Ihren Körper. Sie wachen wie gerädert auf. Derartige Konstruktionen sollten Sie daher unbedingt vermeiden!

915

Wie man sich bettet, so schläft man! Beachten Sie beim Kauf eines Bettes, dass Matratze und Gestell aus natürlichen Materialien bestehen. Futons und Betten mit Holzgestellen sind ideal. Die Höhe des Gestells sollte ca. 60 cm betragen.

916

Wasserbetten können den Schlaf stören, da die Kombination von Wasser und Metall (Heizstäbe) destruktiv wirkt. Eisenrahmen können durch den Metallanteil den Schlaf behindern, da sie sich elektromagnetisch aufladen. Ein Baldachin über dem Bett wirkt stark isolierend und erschwert das Aufstehen.

917

Die Schlafzimmerdecke sollte heller gestrichen sein als die Wände, da eine dunkle Decke den Raum niedriger erscheinen lässt und den Energiefluss hemmt.

918

Der Fernseher gehört nicht ins Schlafzimmer! Wenn er sich nicht umgehen lässt, sollte er in einem Schrank oder unter einer Abdeckung verschwinden.

919

Ein solides Kopfstück, eine durchgehende Matratze und ein bequemer Zugang zum Bett nach beiden Seiten können der Partnerschaft förderlich sein.

920

Wenn Sie vom Schlafzimmer aus direkten Zugang zum Bad haben, sollte die Tür möglichst hinter einer Ecke zugänglich sein. Achten Sie unbedingt darauf, dass das Bett nicht mit dem Fußende zur Badezimmertür weist oder – wenn dies aus Platzgründen nicht möglich ist – verschaffen Sie sich durch ein Schränkchen am Fußende, durch eine spanische Wand oder einen Paravent Schutz.

921

Abgerundete Formen und Kanten verhindern, dass sich negatives Qi sammelt. Eine Pflanze im Schlafzimmer frischt die Energie auf.

922

Auf keinen Fall sollten Sie im Schlafzimmer die Bilder Ihrer Kinder aufstellen. Hängen Sie Bilder von fröhlichen Ereignissen (z. B. einer Hochzeit) auf.

923

Schlafrichtungen

In welche Richtung zeigt Ihr Kopf, wenn Sie schlafen? Überprüfen Sie den Standort Ihres Bettes und korrigieren Sie, falls nötig. Süden: Wirkt sich positiv aus, wenn Sie eine intellektuelle oder kreative Tätigkeit ausüben, wenn Sie lernen müssen oder konzentriert schreiben wollen.

924

Meiden Sie den Südwesten. Diese Ausrichtung schadet der Gesundheit und ist durch keinerlei Feng-Shui-Hilfsmittel positiv zu beeinflussen.

925

Ist die Richtung Ihres Kopfes der Südosten, nimmt Ihr Körper Energieströme auf, die sich positiv auf finanzielle Angelegenheiten und auf Beziehungen jeder Art auswirken können.

926

Bei Schlafstörungen richten Sie Ihr Bett nach Norden aus und Sie finden die nötige Nachtruhe! Lassen die Räumlichkeiten dies nicht zu, sollten Sie wenigstens gewissermaßen als Kur für vier Wochen in dieser Richtung die Nächte verbringen, um auch danach über einen längeren Zeitraum tief und ruhig schlafen zu können.

927

Für unruhige Nächte steht der Nordosten. Ihr Ehrgeiz wird angestachelt, wenn Sie sich für diese Schlafrichtung entscheiden.

928

Der Nordwesten begünstigt organisatorisches Geschick und die Fähigkeit, klar zu denken. Diese Schlafrichtung wirkt sich förderlich aus, wenn es Ihnen um die Versorgung Ihrer Familie geht.

929

Stressgeplagten, nervösen und gereizten Menschen ist der Westen zu empfehlen: Hier finden Sie Entspannung und Zufriedenheit.

930

Ist Ihr Schlaf unruhig, fühlen Sie sich morgens wie zerschlagen und verspüren den dringenden Wunsch, im Bett zu bleiben? Wählen Sie den Osten! Ein Plus für alle, die sich beruflich weiterentwickeln wollen.

931

Mobiles dürfen nicht direkt über dem Kopfende des Kinderbettes hängen, sondern weiter zum Fußende hin. Dort wird es besser gesehen und kann nicht abgerissen werden. Schimmernde, metallische Gegenstände wirken anregend, weiche Materialien in sanften Farben eher beruhigend.

Praxisteil – KINDERZIMMER

932

Ein Kinderzimmer muss vielfältige Funktionen erfüllen. Allen Bedürfnissen muss dabei durch die entsprechende Ausstattung, Farben und Materialien entsprochen werden.

933

Die Kinderzimmertür sollte nachts geschlossen sein, ebenso die Vorhänge bzw. Rolläden. So wird der Energiefluss zurückgehalten und das Kind findet die nötige Ruhe. Das Kopfende des Kinderbettes sollte sich auf keinen Fall unter einem Fenster befinden: die einströmende Energie ist zu stark und könnte am Einschlafen hindern. Idealerweise stehen Kopfende und eine Bettseite an der Wand. Schlafen mehrere Kinder in einem Raum, weisen die Betten in die gleiche Richtung.

934

Entscheiden Sie sich bei der Wahl des Kinderbettes für ein Holzgestell, um schädlichem Qi keine Chance zu geben. Auch die Bettwäsche sollte aus pflegeleichten Naturfasern sein. Vermeiden Sie wirre Abbildungen auf dem Kopfkissen. Sparen Sie nicht an weichen Kissen und Decken – ganz besonders ein Kinderbett soll sofort zum Kuscheln und Träumen einladen.

935

Wie immer, so gilt auch hier: Der Raum sollte nicht überladen und voll gestellt sein. Kinder fühlen sich sonst bedrückt und werden unkonzentriert. Bettkästen, bunte Kartons oder Rollwagen helfen, Ordnung zu halten – in kindgerechter Höhe erleichtern sie das Aufräumen.

936

Kinderzimmermöbel sollten nicht zu groß und dunkel sein, damit das Kinderzimmer geräumig und hell bleibt. Stühle und Tische mit runden Kanten mindern die Verletzungsgefahr und vermeiden die negative Energie scharfer Kanten. Holz ist das geeignete Material.

937

Eigenschaften fördern oder entgegen wirken

Leuchtende Farben im Kinderzimmer wirken stimulierend und regen die geistige Aktivität an: Rot, Gelb oder Orange gehören zum Yang-Bereich und erfüllen diesen Zweck. Sanfte Pastelltöne aus dem Yin-Bereich wirken eher beruhigend und sorgen für eine heitere, sehr entspannte Stimmung.

938

Spielzeug aus Holz ist haltbar und schön anzufassen, besonders für Kleinkinder. Am Abend sollte jegliches Spielzeug weggeräumt sein, um den Energiefluss zu beruhigen.

939

Fernseher, Computer und anderes Elektrogerät gehören nicht ins Kinderzimmer! Kinder reagieren besonders sensibel auf die schädlichen elektromagnetischen Schwingungen.

940

Ein Kristall im Nordosten des Raumes fördert den Wissensdurst. Ermutigen Sie Ihr Kind zum Lesen, indem Sie eine Leselampe auf den Nachttisch stellen.

Praxisteil – BAD

941

In der Feng-Shui-Praxis sind Toilette und Badezimmer eher negativ besetzt: Sie dienen der Reinigung und der Entfernung von »Unrat«. Das Badezimmer dient aber auch der Entspannung. Symbolisch bezieht sich die gesamte Einrichtung auf unsere Gesundheit. Zugleich können die fließenden Energien in diesem Raum unsere finanzielle Situation versinnbildlichen.

942

Wenn es der Wohnungszuschnitt erlaubt, sollte die Toilette separat vom Badezimmer liegen. Ist dies nicht möglich, trennen Sie sie optisch vom Badebereich und sorgen Sie dafür, dass sie von der Tür aus nicht zu sehen ist – auch nicht im Spiegel. Die Toilette steht für den abfließenden Effekt. Der Deckel ist immer geschlossen (besonders bei laufender Spülung). Die Energie, die abgezogen würde, ist ein Symbol für schwindende Finanzen.

943

Weiß, Hellblau oder Hellgrün eignen sich als Farben für das Badezimmer. Natürliches Licht ist am besten. Absolute Sauberkeit sollte selbstverständlich sein.

944

Die Toilette sollte möglichst nicht neben der Küche, neben dem Esszimmer oder gegenüber der Haupteingangstür liegt. Ebenso darf sie nicht über der Haustür liegen. Energie würde durch die verschiedenen Leitungen direkt abfließen. Schon aus hygienischen Gründen darf eine Toilette nicht im Innenbereich der Wohnung liegen, Licht und frische Luft sind ein Muss. Sie helfen außerdem, Staunässe und unnötigen Energieabfluss zu verringern. Und: Tür generell geschlossen halten!

945

Ein Aufenthalt im Badezimmer kann helfen, die Hektik des Tages hinter sich zu lassen. Nutzen Sie entspannende Badeöle, duftende Seifen oder Kerzen.

946

Pflanzen gedeihen in feuchter Badezimmerluft gut und sorgen für gutes Qi. Sie wirken dem drohenden Abzug des Qi durch Abflussrohre oder die Toilette mildernd entgegen und verhindern gleichermaßen eine Stagnation des Qi.

947

Sind Toilette oder Badezimmer zu klein, droht eine Stagnation der Energie. Dies können Sie verhindern, indem Sie z.B. Spiegel einander gegenüber aufhängen.

948

Keramikkacheln für den Badezimmer-Fußboden sind nicht nur leicht zu reinigen, sie gehören auch zum Erdelement und bilden eine willkommene Balance zum Wasserelement.

Praxisteil
AUTO/GARAGE

949

Sind Sie häufig mit dem Auto unterwegs, sollten Sie auch hier die Grundregel von Feng Shui anwenden: Entrümpeln Sie Ihren Wagen, reinigen und waschen Sie ihn regelmäßig.

Reichtum	Ruhm	Beziehungen
Familie	Tai Ji Gesundheit	Kinder
Wissen	Karriere	Förderer

950

Auch auf das Auto lässt sich das Ba-Gua-Schema anwenden, wobei der Motor dem Eingangsbereich entspricht. Bei einem Wagen mit Frontantrieb liegt der Bereich von Lebensweg und Karriere somit über der Motorhaube, bei einem Auto mit Heckantrieb symbolisiert der Beifahrersitz den Bereich der Beziehungen.

951

Beulen und Kratzer am Auto können sich negativ auf den entsprechenden Lebensbereich auswirken.

952

Bei Garagen sollte die Toreinfahrt nach Norden ausgerichtet sein. Idealerweise sollten sie vom Haus isoliert stehen. Wenn dennoch ein Raum daran angrenzt, nutzen Sie ihn als Abstellraum.

953

In einem Apartment sind alle Lebensbereiche in einem Raum miteinander vereint. Sie können auch hier das Ba-Gua-Schema anwenden, aber es ist in solchen Wohnsituationen sehr viel schwieriger, alle Bereiche ausreichend zu berücksichtigen. Freiraum und Ruhezonen sind hier das Wichtigste.

APARTMENTS

954

Sitzgelegenheiten sollten nicht mit der Rückenlehne in Richtung Fenster aufgestellt werden.

955

Da Apartments in der Regel die Einrichtungen für Bad und Küche fest installiert haben, bleibt wenig Möglichkeit, Veränderungen vorzunehmen, und Sie müssen mit Hilfsmitteln arbeiten. Konzentrieren Sie sich bei der Einrichtung daher auf den Ess- und Schlafbereich.

956

Legen Sie das Ba-Gua-Schema über den Grundriss Ihres Apartments. Entsprechend des Schemas befindet sich in der Mitte des Raums der Bereich Gesundheit, im Norden liegt der Bereich der Karriere, im Süden der Bereich Ruhm, im Osten der Bereich Vorfahren/Familie, im Westen der Bereich Kinder usw. Richten Sie Ihre Wohnung so ein, dass Sie alle Lebensbereiche optimal fördern.

957

Ordnung ist für Einraumwohnungen oberstes Gebot.

958

Richten Sie zunächst den Schlafbereich ein, und organisieren Sie alle übrigen Bereiche darum herum.

959

Achten Sie unbedingt darauf, dass Sie von Ihrem Bett aus weder die Wohnungstür noch die Badezimmertür direkt im Blick haben. Auch die Füße sollten nicht diese Richtungen weisen. Ein Paravent kann Abhilfe schaffen, wenn der Raum keine andere Möglichkeit zulässt.

960

Vermeiden Sie, dass Ihr Bett zu drei Seiten hin durch Mauern oder Möbel »eingekesselt« wird.

961

Ist ein Spiegel in der Nähe des Bettes unvermeidbar, bedecken Sie ihn nachts mit einem Tuch.

962

Wenn Sie einen Arbeitsplatz einrichten möchten, achten Sie auf ausreichend Abstand zum Schlafbereich, da ansonsten Ihre nächtliche Ruhe beeinträchtigt werden könnte. Ein Arbeitsplatz lässt sich besser in den Wohn- als in den Schlafbereich integrieren.

963

Der Esstisch wird in kleinen Räumen häufig auch als Schreibtisch genutzt. Es liegt daher nahe, ihn in den Bereich Geld zu platzieren.

964

Mit Pflanzen, Mobiles und Spiegeln lässt sich auch in kleinen Räumen das Qi verbessern. Überlegen Sie genau, welchen Bereich Sie fördern möchten, und wenden Sie die Hilfsmittel so an, dass sie Qi positiv beeinflussen.

965

Im Bereich der Beziehung können Fotos des Partners oder ein Strauß frischer Blumen positiven Einfluss nehmen.

966

Im Eingangsbereich von Wohnungen, Geschäften und Restaurants gelten Fische als Glück bringend.

967

Im Bereich Ruhm sind symbolische Darstellungen der Glück bringenden Tiere Drache, Schildkröte oder Phönix förderlich. Ihre selbst gesteckten Ziele können Sie in Form von Symbolen bzw. Stellvertretern wie Sporttrophäen o.ä. unterstreichen.

968

Sternbilder, Bilder mit Zielen geplanter Reisen oder Wolkenbilder beeinflussen den Bereich der Förderer positiv.

969

Der Bereich Geld lässt sich durch Wasser anregen. Darstellungen von Wasser und Fischen sind empfehlenswert.

970

Fotos verstorbener Familienmitglieder sind im Bereich der Vorfahren/Familie sinnvoll.

971

Bilder von Bergen, einem Elefanten oder einer Schildkröte sind Symbole, die im Bereich Wissen förderlich sein können.

972

Im Bereich Kinder ist die Abbildung eines weißen Tigers bzw. sind von Kindern gemalte Bilder zu empfehlen.

Praxisteil
TERRASSE & GARTEN

973

Eine Terrasse schafft einen harmonischen Übergang zwischen Garten und Haus und bietet eine Gelegenheit, Qi zu beeinflussen. Auch hier gilt: Schaffen Sie Raum durch Aufräumen! Die Mitte der Terrasse sollte immer frei bleiben. Sitzecken befinden sich an der Wand oder an einer Begrenzung.

974

Für den Balkon gilt das Gleiche: Er darf nicht zum Dauerplatz für den Wäscheständer oder den Getränkekasten werden. Mit Hilfe einiger weniger bepflanzter Balkonkästen oder Topfpflanzen sollte hier positives Qi aufgebaut und auf den Eintritt in Ihre Wohnung vorbereitet werden.

975

Kletterpflanzen kaschieren unschönes Mauerwerk sowie scharfe Mauerkanten und sorgen für eine »Extraportion« positives Qi. Bei blühenden Kletterpflanzen profitieren Sie zusätzlich vom Duft und der Farbe ihrer Blüten.

976

Feng Shui strebt nach Harmonie und Balance der Gegensätze – auch im Garten. Niedriges und Hohes, Licht und Schatten, Bewegtes und Unbewegtes, Hartes und Weiches, Rauhes und Glattes sollten ausgewogen sein.

977

Ein quadratisches oder viereckiges Grundstück ist aus Feng-Shui-Sicht ideal. Der Zugang zum Garten sollte über einen geschwungenen und beleuchteten Weg erfolgen. Günstig sind schwere Objekte wie Steinfiguren oder große Pflanzgefäße zu beiden Seiten des Zugangs, die das Glück auf dem Grundstück halten.

978

Hecken grenzen den Garten ab, halten Qi, bieten Sichtschutz und dienen Tieren als Unterschlupf. Achten Sie darauf, dass sie nicht zu hoch sind, damit Sie den Kontakt zum Umfeld nicht verlieren.

979

Wege sollten möglichst aus Naturmaterialien sanft geschwungen angelegt werden. Zum Haus und Eingang hin sollten sie schmaler werden.

980

Die Gartenanlage sollte möglichst nicht auf einen Blick erfasst, sondern die Augen von einem Bereich zum nächsten geleitet werden – wie durch eine Landschaft.

981

Wasser sammelt Energie und ist die Lebensquelle des Gartens. Legen Sie einen kleinen Teich, einen Wasserfall oder einen Bachlauf an. In einem kleinen Garten kann eine Vogeltränke oder ein kleiner Springbrunnen ausreichen. Achten Sie darauf, dass das Wasser immer sauber und klar ist.

982

Schaffen Sie mit Hecken, Sträuchern und einem Teich Lebensraum für Vögel und andere Tiere. Auch Pflanzen, die z.B. Schmetterlinge anziehen, verstärken die Lebensenergie in Ihrem Garten.

983

Stehende Gewässer wirken anders als fließende. Ein zu groß angelegter Bach, der vom Grundstück wegfließt, kann Energie mit sich ziehen. Ein verschlammter Teich beeinflusst Qi negativ. Das Plätschern eines Brunnens oder Wasserfalls kann Qi hingegen anregen. Wägen Sie den Einsatz von Wasser also genauestens ab!

984

Idealerweise schließt der Garten mit einem Hügel ab, aber auch ein üppiger Strauch kann diese Funktion übernehmen.

985

Wenn der Garten groß genug ist, bietet ein kleines Gartenhaus oder eine Laube einen wunderbaren Rückzugsort. Auch von hier aus sollte sich ein schöner Ausblick auf den Garten bieten.

986

Bei der Auswahl der Pflanzen sollten Sie neben den Feng-Shui-Prinzipien auch die natürlichen Standortbedingungen beachten. Die Pflanzen sollten winterhart sein und Schattengewächse möglichst nicht in der prallen Sonne stehen. Dort verkümmern sie, auch wenn ihr Standort nach Feng Shui günstig gewählt ist.

987

Die Bereiche

Der Garten gilt in China und Japan als ein Ort, an dem man vom Alltag abschalten kann. Um eine ausgeglichene Gestaltung zu erreichen, kann das Ba-Gua-Schema hilfreich sein. Mit seiner Hilfe können Sie die verschiedenen Lebensbereiche gezielt fördern.

988

Im Bereich *Ruhm* herrscht das Element Feuer mit den Farben Rot, Lila und Rosa und in Form von spitzen Pflanzenblättern und Dornen. Hier wirkt Holz fördernd, indem Sie die Farben Grün und Violett oder Hellblau bzw. schlanke säulenförmige Pflanzen einbringen. Der ideale Bereich für eine Gartenleuchte oder den Grillplatz. Das Element Wasser mit schwarzen oder dunkelblauen Farbakzenten hat in diesem Bereich hemmende Wirkung.

989

Die Bereiche *Beziehungen*, *Wissen* und auch das Zentrum sind dem Element Erde zugeordnet. Geeignete Accessoires sind Steinfiguren oder Terrakotta-Töpfe. Bodennahe und kriechende Pflanzen mit gelben oder orangefarbenen Blüten haben hier einen guten Standort.

990

Durch die Farben Rot, Rosa und Lila oder Dornensträucher bringen Sie in den Bereichen *Beziehungen* und *Wissen* das Element Feuer ins Spiel, das fördernd wirkt. Holz mit den Farben Grün, Violett oder Hellblau oder schlanke säulenförmige Pflanzen wirken hemmend.

991

Das Element Metall ist kugelförmigen Pflanzen, den Farben Gold, Silber und Weiß und den Bereichen *Kinder* und *Förderer* zugeordnet. Das Element Erde mit gelben oder orangefarbenen Blüten wirkt hier fördernd, während Feuer, d. h. etwa rote oder rosafarbene Akzente hemmend sind. Der Bereich *Kinder* eignet sich für die Anlage eines »Spielplatzes«, während sich der der *Förderer* für eine Sitzgelegenheit anbietet.

992

Die Bereiche *Vorfahren/Familie* und *Wohlstand* sind dem Element Holz, schlanken, säulenförmigen Bäumen und Sträuchern oder Kletterpflanzen zugeordnet. Die Farben sind Grün und Blau sowie Violetttöne.

993

Der Bereich *Beziehungen* eignet sich für eine Laube und bildet einen etwas abgelegenen Rückzugsort. Im Bereich *Wissen* sollten Sie sich vor zu viel Lärm und Aufregung schützen. Legen Sie ihn als meditativen Ort an, um Ihre Konzentration zu sammeln und zu fördern. Das Zentrum hingegen sollte als Mittelpunkt des Gartens, der Ihre Gesundheit spiegelt, offen angelegt sein.

994

Da neben Licht auch Schatten im Garten herrschen sollte, bietet es sich an, unter hoch wachsenden Sträuchern und Bäumen einen Schattengarten anzulegen. Wie wäre es mit Steinkraut, Farnen oder dekorativen Gräsern?

995

Ein begrüntes Haus kann sich positiv auf das Qi im Haus auswirken. Achten Sie darauf, dass die Fenster nicht zuwachsen.

996

Das Element Metall hemmt den Energiefluss im Bereich *Vorfahren/Familie* mit den Farben Silber, Gold und Weiß, während das Element Wasser etwa in Form schwarzer und dunkelblauer Farbakzente fördernd wirkt. Der Bereich Vorfahren/Familie bietet sich für einen Sitzplatz an, während Sie den Bereich *Reichtum* durch einen Teich anregen.

997

Zu viel ist nicht gesund: Wenn Sie Ihren Garten durch Wasser oder Farben beleben wollen, beachten Sie, dass sich zu viel Wasser schädlich auswirken kann, ebenso wie zu viel Farbfülle.

998

Wasser ist das Element für den Bereich *Karriere*. Dunkelblau oder Schwarz sind die diesem Bereich zugeordneten Farben und Pflanzen mit welligen Blättern und unregelmäßigem Profil.

999

Wenn Ihr Garten abschüssig an einem Hang liegt, fließt Qi zu schnell ab. Sie sollten unbedingt Maßnahmen ergreifen, um die Energie im Garten zu halten. Treppen und schwere Elemente an den Terrassenrändern können den schnellen Qi-Abfluss aufhalten.

1000

Das Element Metall kommt im Bereich Karriere durch Weiß, Silber oder Gold ins Spiel und wirkt fördernd, während alles, was dem Element Erde zugeordnet ist, hemmend wirkt. Ein Brunnen oder eine Vogeltränke sind fördernde Accessoires.

Register